JN127061

USER FIRST

ユーザーファースト

穐田誉輝とくふうカンパニー

YOSHITERU AKITA

食べログ、クックパッドを育てた男

TSUNEYOSHI NOJI
野地秩嘉

プレジデント社

こうしてぼくたちは、
絶えず過去へ過去へと運び去られながらも、
流れにさからう舟のように、
力のかぎり漕ぎ進んでゆく。

――F・スコット・フィッツジェラルド
『グレート・ギャツビー』
（野崎孝訳、新潮文庫）

ヨハネス・フェルメール作
《聖プラクセディス》
1655 年 油彩、カンヴァス

CONTENTS

CHAPTER 2

ユーザーが導いてくれるから
――くふうカンパニーの立ち上げ

プロローグ

20年も続くなんて、それは強運だ

神楽坂にあるフランス料理店「ラリアンス」の生真面目なオーナーが言った。

「野地さん、日本の飲食店で、同じオーナー、同じ店名、同じ業態で20年以上続いている店の割合、どのくらいかご存じですか?」

即答した。

「もちろん、知りません」

オーナーはふっと笑った。

「答えは0・3パーセントです。当店はやっと20年経ちました。みなさまには大感謝です」

0・3パーセントとは1000軒の店がオープンして20年後には3軒しか残っていないということだ。あとは全部つぶれてしまう。

ちなみに30年以上続く飲食店の割合は0・02パーセント。1万店のうち、2店しか残らない。あとは全部、つぶれる。ただ、オーナーや店名が代わって延命しているところはある。

生き残ることがほぼ不可能といえる厳しい世界でラリアンスが今も営業を続けているのは、単に「おいしい料理」を出しているからではない。

同店が続いているのは徹底してユーザーファーストであり、かつ、サービスをつきつめて考えているからだ。

「おいしい料理を出してます」「毎朝、豊洲に行って仕入れてます」「元気よく挨拶しています」で、続く店はない。おいしさや挨拶以外のサービスを客に提供していなくては長い間、愛される店にはなり得ない。

ラリアンスでは客が「おいしい」と感じるような状況をまずつくる。それから料理を提供する。料理はなるべくテーブルで仕上げる。コロナ禍の前までは、サラダは客の目の前で新鮮な野菜をボウルで混ぜて仕上げていた。

今でもデザートについては、ウェイターがテーブルの横までワゴンを引いてきて、客の目の前で仕上げる。サラダ、スープは、お代わりできる。それでデザート、コーヒー、お土産までついて6380円だ。

ワゴンサービスの目的は料理やデザートを作っているところを間近で見せることにある。すると、客は早く食べたくなって、無性にお腹が空いてくる。期待するし、ワクワクする。そこへ一皿が出てくるのだから、客は「おいしい。最高だ」と言わざるを得ない。つまり、舌だけでなく、目や鼻や耳や心まで満足させるサービスを行っている。そこまでやらなくては20年、生き延びることはできない。

一方、同じ20年という時間のなかで、大きなことを成し遂げた人がいる。

穐田誉輝（あきたよしてる）。

彼が新卒で入社した日本合同ファイナンス（現・ジャフコグループ）を辞めて中古車の買い取りチェーン、ジャック（現・カーチスホールディングス）に入社したのは1996年だった。ジャックに勤めていた3年の間に、同社は上場している。ジャックを辞めた後、彼は投資会社アイシーピーをつくり、投資先のカカクコムで経営者となった。同社が運営する「価格．com」はパソコンなどの価格比較サイトだ。

彼はカカクコムを上場させた。さらに経営している間に「食べログ」というサービスをつくりだした。食べログは店を探す時の水先案内だ。食べログは大ヒットし、今では飲食店を見つける時には欠かせないサービスになっている。カカクコムの現在の時価総額は約3500億円。

カカクコムを退任した後、空白時代を経てレシピサイトのクックパッド取締役、そして代表となった。ここでもまたクックパッドを成長させた。クックパッドの最盛期、時価総額は3000億円を超えた。

現在は上場企業「くふうカンパニー」の経営をしている。

穐田誉輝はカカクコムを上場させた2003年から20年もかからずに、3つの会社を上場させて、いずれも価値を高めた。その他、大株主として3社を上場させている。すべての会社の最盛期の時価総額を合わせると1兆円以上になる。

1980年代以降の創業経営者で時価総額1兆円以上を達成したのは柳井正、孫正義、滝崎武光（キーエンス）、永守重信（ニデック）、三木谷浩史など10人前後だと思われる。穐田誉輝はそのなかのひとりだ。

また、穐田は世界に37枚しかないフェルメールの絵のうちの1枚を所有している。《聖プラクセディス》である。買った当時の価格は10億円だったが、現在では少なくとも数倍にはなっているだろう。

投資家としても結果を出し、経営者としても実績を残している。絵のコレクターとしても世界的に知られている。何といってもフェルメールの作品を個人で持っているのは世界にふたりしかいない。あとは世界各地の国立美術館と英国王室だ。

中古車買い取りのジャックにいた時は、自己破産と隣り合わせだった。強運だから危地から脱出できた。一方、フェルメールを買うことができたのは幸運だからだ。

強運と幸運を持っていた彼は財産を築くことができた。しかし、彼が求め続けているのは金でも名誉でもカッコよさでも知名度でもない。

彼はとにかく前へ進み続けたいと思っている。カカクコムも食べログもクックパッドも、すでに過去のことだ。彼は過去の業績を語ることで、自らを押し出したいとはこれっぽっちも思っていない。

「食べログのマーケティングについて」とか「クックパッドを成長させた戦略」について話してくれといった依頼はつねにある。だが、講演会で話をしようなんてたったの一度も考えたことはない。恥ずかしさしかない。

本書に書いたのは彼の過去の業績に対する賛美ではない。苦闘の軌跡だ。苦しみのなかを力の限り生きてきた男の話だ。彼に味方したのは運と仲間だけ。強運と幸運と仲間がいたからこそ生き延びることができた。

そして、ここにあるのは強運と幸運と出たとこ勝負の人生の姿だ。事実だけを書いたものだから、教訓の要素はない。ノンフィクションストーリーは新聞の社説やコラムではない。結末に教訓を書いたりはしない。

人生は自分のものだ。人は自分だけの人生を自分らしく生きることしかできない。あえて聞いてみたことはないけれど、おそらく穐田はそう考えているだろう。彼は彼らしい人生を送っているのだから。

CHAPTER

1

現状を疑う〝働く株主〟

――クックパッド社長退任まで

01

匝瑳市から社会へ

カートレット八王子の雨

29歳の稙田誉輝は雨の日でも休日になると「カートレット八王子」へ出かけていた。カートレットとは中古車（カー）のアウトレットのこと。つまり、販売用の中古車が並ぶヤードのことだ。

１９９８年。中古車買い取り企業、ジャックに入社して3年目のことだった。彼は青山学院大学を出て、新卒でベンチャーキャピタルの日本合同ファイナンス（現・ジャフコグループ）に入った。だが、入社した時点から「一生、この会社に勤めよう」とは思っていなかった。日本合同ファイナンスに入ったのは投資とビジネスについてキャリアを積むため。

知識を増やし、経験を積んだら、上場を目指すベンチャー企業に移り、自社株を手に入れ、独立して始めるビジネスの元金をつくるつもりだった。人生の方向を先に決めてから就職先を選んだのである。冷静に自分の人生を見積もり、前に進むことだけを考えていたのだった。

穐田の仕事はいくつもあった。買い取り事業にインターネットのシステムを構築するのが主な役割だったが、コールセンターの担当もやれば、カートレットで中古車買い取りの現場に立つこともあった。中小企業だったから、できる男とみなされたら、なんでもやらされたのである。

ジャックがやっていた中古車の買い取り事業とは次のようなものだった。カーユーザーから中古車を現金で買い取って、それを販売店やオークションに回す。仕入れさえできれば買う相手はいくらでもいたから、ジャックがやることは車を売りたい人を見つけることであり、まずは何としてでも査定まで持ち込むことだった。車に限らず中古品買い取り事業とは仕入れにかかっている。

本来であればユーザーは新車を買った自動車会社系列の販売店へ車を持ち込む。下取りしてもらい、次の新車を買う。だが、中古車買い取りの専門会社は自動車会社系列の販売店よりも高い価格で下取りをするビジネス手法を取っていた。

新車を買った販売店よりも10万円、あるいは20万円近く、上乗せして引き取るから、ユーザーは次第に買い取り専門会社を利用するようになっていった。中古車の買い取り会社は高く買っても十分に儲かるようになっていたのである。中古車を買う客は増えていく一方だったから、高い価格で買い取ったとしてもビジネスは十分に成り立った。

当時、同業界は伸びていた。業界を引っ張っていたのはガリバー的存在を目指す「ガリバー」とジャックの2社だった。

稙田は社内では何でも屋であったが、肩書はダイレクトマーケティング部の次長だ。ただし、ダイレクトマーケティング部に部長はいない。実質上、部門のトップとしてインターネットによるダイレクトマーケティングを指揮していた。とはいえ、「指揮した」だけでなく、パソコンの前に座り、客とコンタクトし、「この車ならすぐに買います。とりあえずはカートレット八王子に持ってきてください」などと連絡もしていた。

合間には新しい従業員の採用にも関わった。上場準備の作業もした。休日には「カートレット八王子」へ出かけて、作業服の上にドカジャン（作業員が着るジャンパー）を羽織り、オレンジ色の誘導棒を持って「いらっしゃいませー。さあ、こちらですよ、こっち」とヤードの入り口に立っていたのである。

浅草橋にあったオフィスでの仕事よりも、八王子での肉体労働はつらかった。特に雨が降ると体が冷えて、缶コーヒーを飲みながら、車の誘導をするしかない。足をこすり合わせたり、その場で駆け足をしたりしながら寒さを紛らわす。当時、まだヒートテックは登場していない。分厚い木綿の靴下を2枚はいて、時には安全靴のなかに使い捨てカイロを入れたりして暖を取っていた。

ジャックの給料は高くなかった。だが、上場したら大きな金が入ることになっていた。独立する資金をつくるためには寒さも雨が染みとおってくることも問題ではない。肉体的にはつらい状況だったが、希望があったから寒さを紛らわすことができたのである。

その時、彼は貧乏だった。自社株を買うために年利にして16パーセントという高利の金を借りていたから、給料のほとんどは利息を払うために出ていった。

会社は成長していたから仕事は忙しかった。そして、忙しいのは悪くなかった。懐に金がなかったから休日でも遊びに行くこともできなかった。寒さのなかで誘導棒を振るのが彼の人生だったのである。客観的に見れば幸福とはいえない。だが、彼自身はそれほど不満ではなかった。たまに取れる休みには両国の狭いアパートにこもってビールか缶チューハイを飲みながら野球中継を見ていた。それでも、「オレは幸せだ。人生に何の問題もない」と思っていた。もしジャックが上場しなければその状態が一生続くかもしれない。それでもいいかと時々考えたけれど、やはり金は欲しかった。金持ちになって、その心境を味わってみなくてはいけない。金持ちを経験したかった。

浪江町のばあちゃんが言った

カートレット八王子で雨の日に立っていて、肉体的にはつらいのだけれど、精神的には幸福感を感じていた。それは「お客さんに感謝されるから」。

誘導棒を振っていると、やってくる客が全員、ウインドウを下ろして、彼に「ありがとう」とか「おつかれさま」と言う。言わない人でも頭は下げる。どの車に乗っている客も決して素通りはしない。すべての客がそれなりに感謝しながら、ヤードに入っていき、感謝してヤードから出ていく。

「みんなから感謝される仕事なんてめったにあるもんじゃない」

感謝されるたび、そう思った。

稙田の仕事は誘導だけではなく、客が乗ってきた車を査定して商談をまとめること。買い取った金は後に客の口座に振り込む。客にとっては嬉しい。感謝するに違いない。しかし、ジャックは何も奉仕の精神で現金を振り込むのではない。買い取った車は整備して、それ以上の金額で売り払う。儲けるのはジャックだから、社員である稙田の方が本来は客に感謝しなければいけないはずだ。客もジャックが儲けることは承知しているのだが、それでも、みんな「ありがとう」と口に出す。

なかには不機嫌な客もいた。「もっと高い値段で買え」とすごんでくる客もいた。しかし、最終的に金が手に入るとなると人間は穏やかになる。来た時は不機嫌でも、帰りにはにこにこして帰っていく。そして、帰っていく時には稙田に感謝する。

感謝されると、単純な彼は喜ぶ。

「すべての人から感謝される仕事をしている自分はまあまあ幸せ」

実際のところ、彼はすべての労働はこうあるべきと思いながら誘導棒を振っていた。

そして、感謝されてしまう自分、感謝される仕事とは何かを考えていくと、行きつくのは「浪江のばあちゃん」の思い出だった。

その頃、すでに浪江のばあちゃんは亡くなっていた。だが、彼は忘れたことがない。「ばあちゃんは偉大だ。自分が幸せなのは、ばあちゃんのＤＮＡを受け継いでいるからだ」と信じて疑わなかった。

子どもの頃、夏休みになると母親の実家がある福島県の浪江町に出かけていった。浪江町は２０１１年3月11日までは田園風景の美しい農村だった。だが、東京電力福島第一原子力発電所の事故で住民は避難し、今では人がいない静かな町になっている。

浪江町へ行くと、身体が小さくて、腰が曲がった彼女が満面の笑みで迎えに出てくる。

「よしてる。よう来たの。ほら、筋子、買っておいたからな。すぐ食べな」

稙田が夏休みごとに訪ねていくと、ばあちゃんは「筋子、食べな」と言う。筋子は浪江の特産品ではない。浪江の名物とされているのは、焼そばであり、えごま油であり、ちりめんじゃこだ。しかし、可愛い孫が来るとわかると、わざわざ高価な北海道産の筋子を大量に買っておくことを自分に課した。

問題は穐田が特に筋子が好きなわけではないこと。だが、彼女は孫が好きなのは筋子だと思い込んでいた。小学生だった穐田は人の気持ちに敏感だった。だから、「オレは筋子なんて嫌いだ」とは言わない。にこっと笑って年齢の近かった従弟たちと一緒に浪江の山を探検し、川で遊んだ。彼は中学生になるまで、毎夏、浪江町へ行っていたけれど、筋子を食べまくった記憶はない。

彼はばあちゃんが好きだった。でも、その頃は子どもが好きなんだなぐらいにしか感じていなかった。

しかし、今でも彼は思い出す。そして、自分自身に向けて語る。

「高校生の頃、ばあちゃんは脳梗塞で倒れました。母親と一緒に福島の病院へお見舞いに行ったら、半身不随になっていて、ベッドに寝ていました。

僕の姉は死産でした。妹は生まれた時は元気だったけれど、小さい時に障害を持ちました。それも関係していたのかもしれない。ばあちゃんは僕たち孫を猫可愛がりして、『まんま食わねか?』とばかり言ってました。

あの時、母親が泣きながら声を聞こうと、耳を近づけたら、こう言ってました。

『よしてる、ごめんな、まんま食べさせてやれなくて。ごめんな』

ばあちゃんは呂律が回らない感じで謝るんです。半身不随になった自分はダメだ、食事を作れない自分は不甲斐ないと。

あの時の姿は忘れられない。自分の命の不安などの話は一切せず、孫の食事の心配をして謝るなんて衝撃でした。年が経つほど、その重みというか凄みは増してきています。

僕は孫です。ばあちゃんのＤＮＡが流れている。人に精一杯の愛を注いで生きていきたい。人が喜ぶ顔が見たい。それだけ。

食べログもクックパッドも人に喜んでもらいたいから、やった。人が喜んでくれないような仕事はやらない。

浪江のばあちゃんみたいに生きていきたい」

02

どこに就職するか。それならベンチャーキャピタルだ

妹のために

彼が生まれたのは千葉県匝瑳(そうさ)市。1969年のことだ。匝瑳市は千葉県の北東部にあり、JRの総武本線が通っている。都心から70キロ圏内だから、東京に通うサラリーマンが多い。

父親はサラリーマン、母親は生保レディという中流家庭で弟と妹がいる。中学生の頃から彼は「起業を目指す」とはっきり決めていた。それは妹が障害を持ってしまったからだ。

「親はいずれ死ぬし、サラリーマンの稼ぎじゃ知れてる。妹の面倒を見るには起業するしかない」

子どもの頃から冷静に将来を見通していた。だが、それは何も穐田に限ったことではない。わたしが知る限り親やきょうだいに障害者を抱えて生活している人たちはおろおろしないし、嘆き悲しんだりもしない。つねに冷静だ。現状と将来を見積もりながら生活している。

高校は匝瑳高校の理数科へ進んだ。地元の名門校である。受験する前、彼は父親に「合格したらステレオを買いたい」と伝えた。父親はうなずいた。日頃から「お金をくれ」と言う子どもではなかったからだ。そして、現金で30万円、穐田に渡したのだった。

彼は前から欲しかったコンポーネントのステレオセットを買うことに決めていた。春休みの間、毎日のように自宅近くの八日市場駅から総武本線に乗って秋葉原の電気街へ出かけていったのである。

ステレオを買うこと

穐田が中学3年だった1984年、大学卒の初任給は13万5800円（厚生労働省「賃金構造基本統計調査」）。30万円は中学生には大金だ。一方で、30万円のコンポーネントステレオは決して高価ではない。高級品を探せばスピーカー1本で100万円といわれてもおかしくないのが音響製品の世界だから。

ステレオセットが日本の家庭に置かれるようになったのは1960年代後半からだ。当初は「アンサンブルステレオ」と呼ばれる重厚なそれが多く、応接間に家具として置かれていた。1970年代中頃からはコンポーネントセットと呼ばれるアンプ、レコード（CD）プレーヤー、スピーカーが、別ブランドで組み合わせたものが流行るようになった。

ただ、重要なことは穐田が買った頃がステレオにとっては一般的な商品として売れる最後の時代だったことだろう。その後、パソコン、モバイル、携帯用音楽ツールが一般的になり、よほどの音楽好き以外はステレオを買うことはなくなった。

秋葉原へ行った穐田はステレオのコンポーネントセットを同じ店で買ったのではな

かった。アンプはこの店、チューナーはあそこ、レコードプレーヤーとスピーカーはまた別の店と、質と価格を比較し、いちばん安い店で買うことにした。

後にカカクコムの社長になった時、彼はスタッフとともに秋葉原の電気店を回り、商品や価格の調査をした。その時、一緒に回った従業員は穐田が誰よりも秋葉原の店の場所と扱い商品をよく知っていたことに驚いた。それは、中学3年生の時、ステレオを買いに出かけ、さんざん秋葉原電気街を歩き回ったからだ。身体のなかに秋葉原の地図ができあがっていたのである。

秋葉原はホームグラウンドであり、音響製品、家電製品の価格調査は彼の趣味だった。また、ステレオを買いに行っていた時、彼は価格だけでなくスペックにもこだわった。音質や性能に加えて、外見、汚れもチェックした。商品を買うにあたって、徹底的に調査する客だった。その時の感覚がカカクコムの経営をする時に役立った。値段、スペック、サイズなど細かな項目がサイトに網羅されたのである。

客は安ければそれでいいとは思っていない

ステレオでもパソコンでもいいけれど、客は値段だけを比較して買っているわけではない。彼らが買うのは自分の好みに合った商品だ。最上の音質ではなく、最高の性能でなくてもいい。予算に合った範囲内で、自分が求めている音質、性能、そして、色、見た目、大きさがしっくりくるものが欲しい。

それが客だ。金持ちだからといって高いものを買うわけではなく、貧乏だからといって安いものを買うわけでもない。まずは商品そのものが自分に合うものかどうかを考える。自分にとって、しっくりくるもの、好みのものであることが大事で、実は価格は二の次なのである。それが買い物の真理だ。

価格調査をしているうちに、彼は真理に出合ったといえる。

カカクコムの社長になったばかりの頃だ。サイト内では最初から商品は安い順に上から並べて表示することにした。それはカカクコムが始めたことで、この工夫が同サイトを有利に導いた。その後、少し経ってから、穐田はあることに気づいた。売れ行きがいい商品とは、いちばん上に表示されたもっとも安いそれではない。2番目、3

番目、4番目に出てくる商品だった。

人はもっとも安い商品を買うわけではない。

人は圧倒的に安い価格が付いていると、ふと疑問を感じる。

「どこか壊れているんじゃないか」

「他人が使った中古品じゃないか」

また、いちばん安い店が遠いところにあったら、ちょっと高くても近所で買う。また、いちばん安くても「現金しか受けつけない」店もある。ポイントが欲しい客はクレジットカード決済の店を選ぶ。

売る側の立場に立てば、決死の覚悟で安い価格を付けるより、価格だけでなく、さまざまな得を付け加えることだ。

すべては中学3年生の時の秋葉原での買い物から始まり、敷衍(ふえん)していったことだった。穐田の30万円の予算でステレオを買う経験が買い物ビジネスの真理との出合いになったのである。

彼はカカクコム、食べログ、クックパッドを成長させた。商品やサービスを考える時、彼はいつも中学3年生の客だった。彼が開発したサービスとは客が欲しいサービスだ。経営側の論理や都合でサービスを構築したのではなく、客が欲しいサービスを見つけて、つくる。

彼の経営をひとことで表すとそういうことになる。無理やり客に買わせるのではなく、欲しいもの、買いたいものを探り当てて、それをリーズナブルな価格で提供する。だから、彼がつくったサービスは人気が出る。

さて、肝心のステレオを買い終わったのは高校に入学してからだった。実に1カ月以上も価格調査を続けたのである。買い物をすることが好きで、ステレオを使うこと、音楽を聴くことはまた別の問題だった。事実、ステレオを手に入れた後、彼が電源を入れたのは数えるほどだった。持っていた30万円のすべてをステレオセットに注ぎ込んだからLPレコードやCDを買う金が残っていなかったこともある。結局、FMラジオで流行りの曲を聴くくらいで、レコードやCDを集めることにはエネルギーを注がなかった。音楽を聴くのが好きだったのではなく、買い物と価格調査が好きだったのである。

社会人になってからも彼は買い物を楽しんだ。会社への投資も買い物だ。だから、徹底的に調べる。数字だけでなく、経営者に面接して、どういう目的で会社をつくって経営しているのかを聞く。どれほど成長を望める企業であっても、目的が金という人間の会社は買わない。客のことを考えている人間かどうかを確かめ、ユーザーファーストの経営者であれば援助を惜しまない。

奨学金をもらう学生たち

話は彼の人生に戻る。

青山学院大学の経済学部に入学したのは1989年。奨学金を受けての大学生活だった。1年生の頃はまったく勉強をせず、成績は下がる一方だった。ただ、感覚的に言えば日本の大学生の9割以上は1年生の時には勉強しないのが普通だ。1年間の受験勉強で疲弊しているから、よほどしっかりした考えを持つ学生以外は1年生ではまず勉強はしない。2~3年になってから就職を考え始めて成績を上げるための勉強をする。それが普通だ。

大学生の学生生活の半分は受験勉強のリハビリで、あとの半分は就職のための点数アップではないか。

それにしても穐田は勉強しなかった。当然、成績は急降下する。勉強をしない学生たちのなかでも、目立つくらい勉強しなかった。奨学金を支給してくれる日本育英会（現・学生支援機構）からは「これ以上、成績が下がると支給は停止します」と通知が来た。そうなると、金をもらっている側は弱い。彼は態度を豹変。教科書を広げて勉強するようになり、2年生からは少しの勉強と普通の学生生活を楽しむようになったのである。ただ、心のなかでは早く社会に出て、金を稼がなくてはならないと決めていた。障害がある妹の世話をするには金が要る。稼ぐのは自分しかいない。彼が背負っていたのは自分と妹の将来だった。

穐田が大学生だったのは1989年から93年だ。バブル経済の絶頂期と崩壊、そして、崩壊した直後である。前半は浮かれた時代、後半はショックのさなかだ。

1989年の大学進学率は24・7パーセントで、20年後の2009年は50・2パーセント。現在（2022年）は56・6パーセント。

穐田が入学した頃は4人にひとりが大学に進学していたけれど、20年間でふたりにひとりが大学へ行くようになった（文科省「学校基本調査」）。ただ、数字をもっと細かく見ると、大学への進学率が上がったのは女子が大学に進むようになったからだとわかる。

1990年の女子の大学進学率は15・2パーセントなのに対して、2022年は53・4パーセント。男子のそれ（59・7パーセント）に迫っている。

一方で、大学生も含む20代の若者が経済的に貧しくなっていったのはバブルが崩壊した1991年から後になる。そんな若者の窮乏化のひとつの要因が社会人になってからの奨学金の返済だった。

稙田自身にも関係してくる問題だ。

バブルが崩壊したため、両親は息子や娘の教育費を払えなくなった。そのため奨学金の受給者が増加していったのである。日本学生支援機構の奨学金対象者は1998年の50万人から、ピークとなった2013年は145万人とおよそ3倍になっている（2021年は128万人）。

その当時の奨学金は貸与がほとんどで、ひとりあたりの返済総額の平均は300万円を超えた（吉見俊哉編『平成史講義』ちくま新書、「第5講 若者の困難・教育の陥穽」より）。

穐田自身が就職してからもぎりぎりの生活を送らざるを得なかったのは、毎月、少しずつ奨学金を返済しなければならなかったからだ。ただ、カカクコムが上場した時、残りは一括で返済した。

大学を出たばかりの若い社会人は、バブル期までは消費の主役だった。親元で暮らしていれば給料のほとんどを使うことができる。車を買い、ブランド品を求め、フランス料理を食べて海外旅行していたのが彼らだった。

ところが、バブルが崩壊し、景気が悪くなり、企業が採用人数を減らした。給料も上がらなくなった。そのうえ、奨学金をもらっていた人たちは毎月の給料から返済金を引かれる。バブル後の若い社会人たちは消費どころではなく、節約の日々を送るようになっていた。

彼らは限られた予算しか持っていない。何かを買う場合、同じ程度の品質であれば少しでも安いものを選ぶようになる。

洋服でユニクロ、しまむらが伸びたのも、雑貨でドン・キホーテが成長したのも、軽自動車が売れるようになったのも、それより少し後に出てきたカカクコムが人気になったのも、若い社会人の財布が貧しくなったことが背景にある。

消費機会の多い20代の若者が身の丈に合わないものを買わなくなったのはバブルの崩壊後、給料が上がらない時代が長く続いたからだった。

穐田はそういった環境変化のなかにいた。カカクコムの経営をするのは大学を出てから10年近くも先だけれど、大学時代から「価格に敏感な消費者が生まれている」事実に気がついていたのである。さらに、そこにはビジネスの芽があるとすでに分析していた。

彼の能力とはこれだ。

誰よりも早く世の中の情勢を分析すること、消費者が近未来に関心を持つモノやサービスは何かを推測すること、そして、消費者の立場になること。

この3つだ。

1番目の能力は世の中の情勢を人より早く知るだけではなく、つきつめて考え、自分の意見にまとめることだ。

2番目の能力は考える時や仕事をする時は全集中することだ。食事も寝ることも放棄して取り組む。

3番目は客の立場に立つ。客の都合で考えること。

一般のビジネスパーソンは自分の立場、会社の立場で商品開発をし、商品の営業をする。だが、穐田は自分の都合、会社の都合で商品を開発することはない。

彼が投資と経営で成功した能力は大学時代までにほぼ涵養(かんよう)されていた。

日本合同ファイナンスに就職

大学3年生から就職活動を始めた。秋葉原でステレオを探したのと同じくらいの情熱で、会社訪問を続けたのである。

大学の仲間たちは彼のことを「就活オタク」と呼び、「あんなにたくさんの会社を回って、どこが第一志望なんだろう」といぶかり、変わったやつだから仕方ないといった感想を漏らした。

確かに、彼は軒並み会社訪問をした。商社、金融、コンサル、航空、不動産、小売りと業種を問わず、100社近くを訪ねたのだった。

100社の会社訪問をしてわかったことは、大半は彼の目的には合わないという現実だった。「起業のためにキャリアを積む」ことが目的だったが、日本の会社が採用する学生とは何があっても会社を辞めない人間、終身雇用を望む人間だったのである。

いくつもの面接を経て、入りたいと思ったのは2社。そのうち内定を得たのは2社。どちらもベンチャー企業へ出資するベンチャーキャピタルで、野村證券系の日本合同ファイナンス（現・ジャフコグループ）、大和証券系の大和企業投資だ。当時の大学生としては玄人好みの会社選択といえる。三菱商事や三井不動産も訪問したけれど、それよりも、起業する際に役立つのはベンチャーキャピタルだと感じていたからだった。

穐田は当初、大和企業投資に内々定を得ていた。だが、採用担当者から「ちょっと来てくれ」と呼ばれたのである。

何事かなと思って、話を聞きに行ったところ、担当者はこう言った。

「内々定を出しておいて悪いけど、来年、うちは新卒の学生を採用しないかもしれない。同じことやっているジャフコ（当時は通称）に行ってみたらどう？」

素直に、日本合同ファイナンスに出かけていった。すると、採用担当はあっさり採用してくれたのである。

こうして、穐田は日本合同ファイナンスに新卒で入社した。ただ、当時はまだベンチャーキャピタルという職種そのものが一般には理解されていなかった。「ベンチャーキャピタルに就職したい」と真正面から言ってくる学生は稀だったこともあって、彼は入社できた。

ベンチャーキャピタルって何？

ベンチャーキャピタルとは投資会社だ。社員たちはベンチャー企業を見つけてきて、会議を開いて、さまざまな意見を述べたのち、合意したら、そこへ投資をする。投資した後は株式上場へ向けて指導をする。上場したら持っていた株式を売り、差益を得る。投資だけをして、見守るケースもあるが、たいていは成長と上場のためにアドバイスをするのもベンチャーキャピタルの仕事だ。

銀行もベンチャー企業に投資するケースはあるが、成長が確定している一部のベンチャー企業に限られる。銀行の仕事は担保を取って金を貸すことだ。担保を持っていないベンチャー企業には銀行は冷たい。

証券会社の場合はある程度、上場が見えてきたベンチャー企業にアドバイスして株式を「引き受け」る。

引き受けとは「株式や債券といった有価証券の募集・売り出す目的で、国や企業などの発行体から有価証券を買い取ること」（大和証券ウェブサイト「金融・証券用語解説」より）だ。証券会社は上場が見えている企業だけを相手にする。

一方、ベンチャーキャピタルが相手にするのは上場を考えている企業だ。実際に上場できるかどうかはわからない。銀行や証券会社が相手にしないベンチャー企業に投資するともいえる。

１９７３年に設立された日本合同ファイナンスは、現存しているベンチャーキャピタルとしては最古の企業である。

同社の取締役で後にM&A専門企業、野村企業情報（２００２年に野村證券が吸収合併）の社長になった後藤光男は、銀行員と証券マンの特徴を次のように語ったことがある。

相手は後輩の野村證券社員で後に証券会社の社長を務めた男（市村洋文）だ。

「『市村、銀行員と証券マンの違いを知っているか?』

証券マンは『肯定の論理』だ。銀行マンはそうではない。

ゴルフを銀行員とやるとすぐわかる。銀行員は『否定の論理』だから、パットは穴に届かない程度にしか打たない。しかし、証券マンは小さな失敗よりもやらない方がなお悪いの考え方だから、穴を越えなければパットは入るはずがないと思って打つ。これが銀行員と証券マンの根本的な行動原理の違いだと指摘された。

思考も銀行員と証券マンは違うと言われた。

銀行員は『静の論理』で、学歴も閨閥も頭脳も良いが頭の回転率は低い。意思決定および環境変化への対応はゆっくりしている。

それに対して証券マンは『動の論理』で、多少間違っていても早い意思決定の方が利益が大きいと考える。つまり環境変化への対応力が早いのである。

証券マンは実力主義で信賞必罰。仕事ができるかできないかで評価され、学閥も要領も上司への忠実度も何も関係ない。要は数字が証券マンの人格だと言われた」(市村洋文ブログ「いっちゃんのひとり言」より要約)

後藤光男が語った論理を延長すれば、ベンチャーキャピタリストは証券マンよりもさらにアグレッシブな思考と行動が必要だ。

銀行や証券会社が相手にしない会社、上場するかどうかわからない会社を探し出して、そこに投資するのがベンチャーキャピタルだ。加えて、運も必要になる。大きく育つ会社を探し出す能力に加えて運を持っていなければ、ベンチャーキャピタリストとして一流にはなれない。

ひとりのベンチャーキャピタリストが投資するべき企業を見つけたとする。投資を決めて、アドバイスをして、有力な人物や企業を紹介して、応援したとしても、上場できるかどうかは時代環境と投資先経営者の力にかかってくる。そうなると運は大きな要素だ。

ベンチャーキャピタリストにも、投資先経営者にも運がなければその会社は大成しない。

新卒で日本合同ファイナンスに入社した穐田は同社にいた時代、一生懸命に働いた。だが、幸運は巡ってこなかった。彼は大学時代にすでに投資と経営の能力を育んでいた。しかし、強運と幸運はまだ持っていなかったのである。

03

日本合同ファイナンスの仕事

飛び込み営業の日々

1993年、彼は日本合同ファイナンスに入社した。やらされたのは電話でのアポイント取りと飛び込み営業だった。その頃はまだインターネットは普及していない。携帯電話はあったけれど、営業パーソンがアポイントを取るのはオフィス電話だった。オフィスは喧噪に包まれていた。机を並べた社員がそれぞれの電話に向かい、「おはようございます。わたくし、日本合同ファイナンスという野村證券系列の会社にいる者でございます。つきましては……」と話を始める。

電話の相手は担当地区内のベンチャー企業とされる会社の代表電話、つまり受付だ。電話で自己紹介をし、「成長企業を探しています」と訴え、社長に会うためのアポイントを取るのが仕事だ。だが、当時も今も受付はそんなに簡単に社長に電話をつなぐわけがない。100回、電話をかけて、ひとりかふたりの社長と会うことができれば上出来だった。

一日中、電話をかけるだけではなかった。朝の1時間程度が電話タイムで、その後は担当地区へ出かけて、片っ端から事務所に飛び込む。

「おはようございます。日本合同ファイナンスの稙田という者ですが、御社の社長にお目にかかりたいのですが」

これもまた100件の事務所に飛び込みをして、数件、会ってくれればまあまあの成績といった具合だ。日本合同ファイナンスの社員がやる仕事はベンチャー企業への投資だ。投資して、上場させて利益を得ることだ。だが、労力の9割以上はベンチャー企業の経営者に面会するために費やされる。実質的な仕事とは戸別訪問のセールスパーソンとほぼ同じだった。

稙田の担当地区は関東一円だったが、親会社である野村證券上野支店からは会社の情報をもらうことができた。ただ、上野や浅草は下町で昔からの中小企業が多い。神輿、祭具、靴、かばんを作る会社はいくらでもあったが、成長を目指すベンチャー企業の集積地とは言い難い。だいたい、まだIT企業という言葉もなかった頃の話だ。それでも担当地区だから、何とかベンチャー企業を探し出して、社長を説き伏せなくてはならない。思えば原始的なやり方だ。しかし、今でもこうした手法は一部続いているだろう。

なぜなら、相手から持ち込まれた投資案件を除けば「御社の社長と面談したい」とメールを送っても、迷惑メールに分類されるだけだから、結局は飛び込み営業、紹介営業に頼るしかない。

穐田は毎朝、6時頃には王子の独身寮を出て、浜松町にあった会社に着くと日経新聞をはじめ、日経流通新聞などの業界紙を隅から隅まで読んだ。ターゲットは小売業だ。日経流通新聞に載った未上場の小売業をチェックして、その会社の本社が東京都内であれば、目当ての会社に電話を入れる。「結構です」と断られても、本社まで行って受付には挨拶する。会社まで行くのは社長に会えなくとも、その会社の誰かしらの名刺をもらってこなくては上司から評価されなくなる。営業といっても、最初のうちは名刺集めのための外交だった。

こうした毎日が続けば疲弊する。ベンチャーキャピタルという横文字の響きにあこがれて入社した同期は次々と元気がなくなっていった。

100件のうち1件の経営者がたまたま時間をくれたとする。そこで、一気に「上場しませんか、ついてはうちの資本で」と言ったとしても、6割の社長は「バカな。うちの会社が上場できるわけねえだろ」とせせら笑う。

「ひまだったから会ってみたんだ。それで、キミさあ、ベンチャーキャピタルって、どんな仕事なの？」

それが半分以上の社長の弁だ。ただ、あとの4割は「出資はありがたい」と伝えてくる。

ただし、残り4割の会社が上場に値するかといえばそうでもない。業績が悪いのに数字をごまかして、出資金欲しさに「上場したい」と言ってくる社長もいる。飛び込み営業して、出資を目指すのだが、会社の実態をあぶりだすのもベンチャーキャピタリストの仕事だ。

ベンチャーキャピタリストに必要な資質とは、まずは営業力だろう。社長に会うためにはちゃんと企業研究をしていなくてはならない。さらに、会ってから、人間を見抜く眼力がいる。そもそも大学を出たばかりの若者ができるとは思えない仕事だ。

それでも日本合同ファイナンスに入り、一人前のベンチャーキャピタリストになるためにはやらなくてはならない。

断られても、断られても、成長しそうな企業だと信じたら、何度も経営者にアポイントを取る。そうして会うことができたら、企業の実態を見極めて、それから口説き落とす。手を替え、品を替え、違う表現で「上場しませんか」と働きかける。

その場合のポイントといえるのが相手の立場を理解することだ。

どうして、わたしがベンチャー企業の社長を「口説き落とす」コツをリアルに知っているかといえば、それはインタビューに出てこない難攻不落の経営者、有名人を口説き落として記事にするために同じことをやってきたからだ。

「取材したいんです」と申し込み、「ダメ」と言われて、傷ついていたら前に進めない。傷つくことには鈍感になり、相手の気持ちには敏感になって、突き進むしかない。そうして、アポイントを取り、インタビューをして、記事になることを了承してもらう。営業パーソンもライターもやることは同じだ。

稙田もまたノーという返事には鈍感に対処した。

「すみませんでした。また来ます。よろしくお願いします」と言い残して立ち去るのみ。何度も何度も断られているうちに、次第に耐性がついてくる。

「お断りします」と言われて、がっかりしないのが営業パーソンだ。すべて仕事だと割り切る。事務的に電話をかけ、断られたら、事務的に「わかりました。お時間を取らせてすみませんでした」と謝る。アポイント取り、飛び込み営業が労働時間の大半を占めるのだから、なるべく情熱を使わないことにした。

情熱は実際に経営者に会って、話を聞いてもらった時に使うと割り切っていたのだった。

企業研究は至福の時間

穐田が好きだったのは企業研究だった。成長しそうな会社を見つけるために調査に時間をかける。得意だったし、好きだった。秋葉原でステレオを買うために店回りした時と同じ態度で、伸びていきそうな小売りのベンチャー企業を見つけた。業界紙を読み、経営者のインタビューを熟読し、新しく登場してきた会社を見つけるのは彼にとっては至福の時間だったのである。

「絶対に伸びる」と思ったのがドン・キホーテとユニクロだった。

当時、「ドン・キホーテ」は1号店の府中店があるだけだったが、稙田はそこまで出かけていって、圧縮陳列を見た。圧縮陳列は商品をすき間なく大量に積み上げて並べることをいう。従来の小売店ではやらなかった販売手法だ。通路を狭くして、闇市の露店のように商品を積み上げた店内は雑貨で作られたジャングルのようだった。だが、細かく見ていくと、アウトドア衣料の横にバーベキューグリルや燃料が並んでいたりする。関連のある商品を並べて、「ついで買い」を誘うような陳列だった。事務的な商品分類ではなく、店にやってきた消費者が使うシーンを想像する商品展示だったのである。

一方のユニクロは仕入れてきた商品を売る洋品店チェーンから自社製品を売るSPA（製造小売業）へ衣替えしているさなかだった。ただ、当時、ユニクロの店舗は都内にはなかった。それもあって稙田は山口県や広島県にあった実際の店舗は見ていない。しかし、業界紙や雑誌を読んで情報を集めた。

1998年、地方企業だったユニクロは原宿に店を出し、フリースが大ブームとなり、あっという間に伸びていった。そうなった時、稙田は自分の目が間違っていなかったと感じた。

もっとも彼はドン・キホーテにもユニクロにも出資はできていない。ドン・キホーテには最終的に出資を断られ、山口県宇部市（現在は山口市）に本社があったファーストリテイリングはまったくの担当エリア外だったのである。

店は客のためにあり、店員とともに栄え、店主とともに滅びる

企業調査とは投資対象を見つけるだけではない。伸びていく企業とはどういうものなのかを考えることであり、会社とはどこまで成長できるのかという可能性を見極めることでもある。

ドン・キホーテとユニクロは特別だと思った。いつまでも、どこまでも伸びていく企業の特徴は経営者が客を見て、客のためになることをやっている。自社の都合で商品やサービスを開発したりはしない。

「自分が経営者になるとすれば、客を見る。ユーザーファーストでなければ会社は成

長しない」

投資先を見つける一方で、彼は趣味となった企業研究を続けた。当時、伸び盛りだったのはロードサイドに店舗を展開する小売業だ。玩具、靴、紳士服チェーンなどを調べていくと、株式公開までは成長するが、上場したとたんにブレーキがかかってしまうところがあった。なかには上場したのはいいけれど、業績が伸びずに、買収されたり、つぶれたりするところもあった。

原因は経営者が燃え尽きてしまうこと。特に上場までに設立から20年以上もかかってしまうと上場することが目的になってしまい、そこから後も成長を続ける意欲が減退するのだろう。

日本合同ファイナンスの社内に残っていた記録を見ると、会社設立から40年もかかって悲願の上場を遂げたにもかかわらず、その後、2年でつぶれた会社があった。そうしてみると、会社とは上場がゴールではなく、むしろ、それからも成長を続けられることが大事だと彼はあらためて感じた。つまり、上場することを決めたものの、時間がかかりすぎたとみられる会社にはなるべく投資はしない。

企業研究は彼が投資家になってからの戦略を確立することでもあった。

もっともベンチャーキャピタルが関与するのは上場までで、その後は証券会社が関わる。それでも彼は上場した後の会社の軌跡も追った。企業研究、企業調査が趣味だったから。

そうして見ていると、震えるくらい感動したのはユニクロ創業者の柳井正の経営だ。彼は成長分野とは思えなかった衣料品の世界にいながら、ＩＴ企業よりもはるかに成長性の高い会社を創り出した。在庫を抑え、ＩＴ技術を導入し、海外進出を始めた。さらに日本にあるＩＴ企業のほとんどがドメスティックな企業であるのに、ファーストリテイリングはグローバル企業だ。

柳井正は「事業は夢」といったロマンチックなことは語らない。事業は自己実現とも思っていない。日記に目標を書いて、それに向けて頑張ろうなんて子どもっぽいこともやらない。物欲も名誉欲もない。お客様のため、社員のため、ひいては社会のためにユニクロを成長させると決めている。失敗しても、挑戦することをやめない。どこまでも可能性を追求する経営をしている。

「店は客のためにあり 店員とともに栄え 店主とともに滅びる」（倉本長治 経営コンサルタント）

柳井の座右の銘はユーザーファーストの徹底、懸命に成長を目指すことを謳っている。

人は誰でも過去へ運び去られる。過去の業績を頼りに現在の自分を評価しようとする。だが、柳井はそんなことはしない。過去は過去、未来は未来だと考える。過去の自分の延長線上の経営はしていない。そのため、突然、野菜の販売を始めたりして失敗する。海外への進出も当初は失敗だった。それは過去にとらわれて、日本での成功ストーリーを移植したからだ。だが、柳井は失敗は失敗と割り切って、ユーザーファーストの視点で事業を仕切り直した。そうして成長に結びつけた。

穐田が投資家から経営者になり、カカクコム、食べログからクックパッド、くふうカンパニーへ至る経営を見ると、柳井の経営をなぞっているようだ。

経営していても失敗はある。しかし、失敗したら、すぐに忘れる。そして、ユーザーファーストで事業を見つめ直して、成長を目指す。

彼は日本合同ファイナンスに入って、仕事を覚えただけでなく、企業と経営者を見る尺度を持つことができた。入社して1年ほどでそれだけのことを覚えたつもりでいた。そして、いよいよ投資に臨んだのだが、現実は甘くはなかった。

投資先を見つけた！

日本合同ファイナンスの社員たちがやる仕事とは投資先を見つけることだ。そして、投資先が見つかり、そこのオーナーが「上場へ向けて頑張ります」と言ったら、社内の会議にかける。

同社では投資先を見つけたら、最初に「開発会議」に案件をかける。開発会議は毎週、月曜日の午前中に行われることになっていた。

開発会議では担当者がプレゼンをする。「よし、やろう」と決まったら、審査会議、役員会などを経て投資が決まる。会社として投資実行をオーソライズしたら、投資金額を決める。

一方、どの時点でも投資に「ノー」の判断が出ることがある。そうしたら、そこでおしまい。担当者がいくら説得を続けても、決定が覆ることはない。担当者は投資先候補だった会社の社長に電話で「すみません」と報告する。しかし、投資を期待していた社長にしてみれば憤懣（ふんまん）やるかたない。引き回された挙句、金が手に入らないのだから、頭にくる。むろん、その後、日本合同ファイナンスと親会社の野村證券は出入り禁止になる。

同社の開発会議については日本合同ファイナンスにいた村松竜が実態をこう説明している。村松は穐田より1年後輩で、同社で一緒に働いた経験がある。村松もまた同社を辞めてから決済事業を起業、後に、現在のGMOインターネットグループから出資を受け、GMOペイメントゲートウェイの経営に就いた。

「私（村松）にとって修行の場となった会議がある。私が1994年に新卒で入社した日本合同ファイナンス（現在のジャフコ）で毎週月曜日の朝に行われていた『開発会議』だ。20人のベテランキャピタリストと投資部門の取締役が見守る中、参加者は自分が最近発掘してきた面白い会社、つまり投資候補先企業の内容を発表する。市場規模や経営者の略歴、過去数年分の財務内容、今後の業績計画、事業・製品の内容、成長戦略などだ。（略）

発表できたからといってすぐに投資が決まるわけではない。多くの厳しい質問にさらされ、投資検討が『没』になることもある。評価基準は厳しく、中には毎週、没になる人もいた。1カ月で1社も発表できなかった人もいた。

先輩たちや上司からの質問やつっこみは恐ろしく、それらに回答できなければ次はない。だが、価格戦略や競争戦略など、多岐にわたる質問には、事業内容を深く理解するためのヒントが詰まっていた。こちらから質問もできたので、質問力も鍛えられた。会議に参加するごとにキャピタリストとしての感覚が研ぎ澄まされていくのを感じた。実際、この会議の参加者から多くの著名なキャピタリストが生まれた。上場企業の社長になった人もいる。

私は多くの先輩から『村松、その話つくってるだろ』と指摘された。私の説明や応答が『できすぎている』というのだ。確かに『あの社長だったらこう考えるだろう、こう答えるだろう』と投資候補先企業の社長になりきって発表・発言することが多かった。

先輩たちからは『本当にその社長がそう言ったのか』とにらまれたが、私はすでにその社長の『社外参謀』にでもなったつもりになっていた。キャピタリストは経営戦略を経営者から聞き出すだけでなく、一緒に考えたり、ときにはこちらから提案したりするものなのだという思いがあった。

振り返ると、この会議で鍛えられたことは多い。

①短時間でその会社のおもしろさを説明する能力

②経営者との対話能力（本来、秘密中の秘密である、いわば経営戦略を聞き出す能力）
③投資リターンに対する嗅覚
④そして会社の未来を想像する能力――などだ。経営にも投資にも本質的に必要な能力ばかりだ」（日経産業新聞2018年2月16日付）

これを読むと、粒ぞろいの成長企業ばかりが検討されているように思える。しかし、実際には毎週、開催される会議だから、俎上に載せたすべての会社に投資することはない。

そして、稙田もまた開発会議に臨み、了承を得て、次々と段階を踏んでいった。不動産情報業の会社に1億8000万円、投資したいと提案したのである。

初めての投資

稙田が押した不動産情報の会社を最終的な会議にかけたところ、「いいんじゃないか」という判断で投資が決まった。むろん、稙田自身は「いける」と信じていた。

何度も会長、社長と面談し、オフィスにも足を運んだ。成長する企業だという確信を持つことができた。何より、創業会長は技術畑で業界を変えようという熱意が強い人だった。吃音で、一生懸命しゃべる姿勢に好感を持ったのである。社長は有名企業の海外法人の社長経験のある優秀そうな人物だった。

面談に同行した上司もまた「この会社のいいところはふたりの経営者だな」とまで言っていた。そうして、契約した金を振り込んだ。だが、しばらくして事前に使ってはいけないと決められていた資金を口座から下ろされ使われてしまった。

稙田は何も知らずに次の投資先候補の会社にいた。役員秘書から電話がかかってきたので問題が起こったことを直感した。しかし問題の会社に電話をしても通じなかったので、そのまま仕事を続けて夕方、帰社したところ、役員がかんかんに怒っていた。

「どうしてお前はすぐに会社へ行かないんだ。もし、逃げたのなら、パソコンでも何でも保全してこい」

役員がそう言ったのは、投資先に逃げられたからだろう。しかし、本音は保全ではなく、逃げた現場にできるだけ早く行って状況を脳裏に焼き付けてこいということだった。

結局、会長は「飛んだ」。現在に至るまで行方はわかっていない。会社も倒産した。しかも、会長の名前は偽名だった。

どうして、そんなことがわからなかったのかと穐田は上司から問い詰められたが、答えられなかった。投資会社の仕組み上、社長のことは信用調査機関で調べるが、会長は調べていなかった。名前や身分を偽る人間が会社を経営しているなんて、想像すらできなかったのである。未熟だった。

投資してから倒産までの時間は最短記録だった。また、投資した先が倒産した時、彼は24歳、投資失敗の最年少記録でもある。いずれにせよ、不名誉であることに変わりはない。

穐田自身は反省した。叱責もされた。だが、平社員だから降格もされなかったし、ボーナスも減らされなかった。責任を取らされたのは上司で、課長は北海道の支社へ転勤となった。

「あんまり気にするな」とふたりの先輩が慰めてくれた。ふたりとも苦い経験があった。

「相手がだます気でやってきたら、素人のオレたちには何ともならん」

穐田は「なるほど」と妙に感心した。ショックはショックだったけれど、それよりも「助かった」という想いが強かったのである。もし、個人で1億8000万円を投資して、金が返ってこなかったら、自己破産するしかない。だが、会社の金であれば、穐田個人が返済の責任を負うことにはならない。

「投資家の宿命だな」

口に出して言うことはできなかったが、投資した会社すべてが成長することはない。倒産する会社もあれば、ずっと同じ程度の売り上げでしのいでいる会社もある。上場することは難しいが、その後も成長を続けることはさらに難しい。

投資も経営も百戦百勝はない。一度でも勝つことができれば、あとはなるべく負けないようにする。負けたとしても損を少なくする。勝てない投資はやらない。投資相手は徹底的に調査して、面談を繰り返す。

事業をチェックし、成長性を見極める。オフィス内の雰囲気、社員、インテリアや家具の価格までも調べておく。そうして、経営者に会う。

「この人なら、たとえだまされたとしても悔いはない」と思える相手だったら投資する。

最後は直感だ。

事業に成長性があったとしても、「こいつは嫌いだ」と思った人間には投資しない。一方で、「この人、好きだな」と思ったとしても、それだけでは投資しない。

調査して会社とその方向性を理解することはできる。だが、人間は難しい。信じることは簡単だが、人間を理解することは難しい。5回や6回、面接して、食事をしても、だます気でやってきた相手を見抜くことはたやすいことではない。だました会長は24歳の若造が網にかかった時点で、舌なめずりしたに違いない。

悪いやつは金のにおいがするところに寄っていく。投資家に必要なのは寛容な心ではない。人を見たら泥棒と思え、だ。

お金を投資してもらいたいと考えている経営者は善人でも悪人でもない。金が必要な人だ。投資家と経営者は善と悪の境界線上で相対している。彼はそれだけはわかった。

04

中古車買い取りのジャック

最初で最後の転職

日本合同ファイナンスには3年間、在籍した。社員でいる間、数社の投資計画をまとめ、投資した。しかし、結論から言えば彼が見つけた会社は1社も上場していない。つぶれたわけでもない。いずれも、鳴かず飛ばずといった状態で、事業は継続しているが成長はしなかった。

ベンチャーキャピタリストとしての実績はゼロ。投資金は塩漬けになってしまった。つまり、稙田は日本合同ファイナンスに直接的には貢献していない。だが、その後、彼が投資家として成功したことで、同社は「あの稙田さんのいた会社」と評されるようになる。それがせめてもの恩返しと言えるかもしれない。

ただ、本人はちょっと気楽で、日本合同ファイナンスを辞めてから、長い間、「もう一度、就活するとしたらジャフコに入りたい」と言っていた。それくらい、同社を気楽に愛している。

日本合同ファイナンスを辞める前の年、穐田は人生を変えるレポートを読んだ。

1995年の夏、野村総研が出したアメリカの近未来社会を予測したレポート（『米国に見るダイレクト・マーケティングの展開』正田雅史 野村総合研究所 1995年7月10日号）だ。そこには「アメリカは情報化社会になる。インターネットで未来社会は劇的に変わる」とあった。この時点でそこまで断言したレポートは同レポートしかなかった。

「インターネットによる情報化社会で成長が期待できる業種は3つある。そのうちもっとも伸びるのは『情報仲介業』」

例に挙がっていたのがアメリカの情報仲介業だった。会員向け電話サービスで、会員には「この商品をもっとも安い価格で売っているのはこの販売店です」という情報を提供していた。いわば商品価格の比較サイト、商品カタログサイトの先駆けだ。穐田はインターネットの使い方を知ったと思った。

レポートを目にしてから3、4カ月した頃の話だ。稙田は日本合同ファイナンスの独身寮に暮らしていた。彼自身は持っていなかったが、会社のパソコン、独身寮では先輩の部屋にあった中古のパソコンを使うことができた。ウェブブラウザはネットスケープ。リリースされたばかりのウィンドウズ95に対応したインターネットエクスプローラー2ではない。それ以前もインターネットに接続したことはあったが、パソコンはワードプロセッサーとして使うことがほとんどだった。それがインターネットを利用するようになったことで、野村総研が出したレポートの言っていることを体験として理解できたのである。

1995年、彼は25歳でパソコンに触れていた。インターネットの世界を知り、体験していた。新しい文化に誰よりも早く接触していたから成功への道が開けた。

いくら優秀でも、当時、40代以上だったら、パソコンに触っていないだろうし、インターネットの役割を理解できなかったのではないか。

正しい時代に正しい場所に生まれた人間のひとりだったのである。

とはいえ、インターネットを使ってやっていたことは寮に暮らす友だちを部屋に集めて、さまざまなサイトをただ見るだけ。いわゆるネットサーフィンというもの。それでも彼は「世界は変わった」と確信できた。何といっても、それまで情報を手に入れるには書店へ行って本や雑誌を買うしかなかった。それが自分の部屋ですべてを完結することができる。

「インターネットは社会と人間の行動を変える」

そう実感したのだった。

野村総研のレポートを読んだのは彼ひとりだけではなかった。当時、パソナに勤めていて後に社内起業する白石徳生もまた同レポートに啓示を受けたひとりだ。そして、白石がインターネット事業として始めた会社はベネフィット・ワンという社名の東証プライム上場企業になっている。同じプライム市場に上場しているデジタルマーケティングのメンバーズを創業した剣持忠もまたこのレポートを読んだひとりだ。

レポートを読んだことで、穐田は日本合同ファイナンスを辞めて、中古車買い取り専門のジャックに転職することにした。加えて、趣味となっていた企業調査の対象を小売業からＩＴ企業（当時はネット企業と呼ばれた）まで拡張した。彼がＩＴ企業の目利きになったのは必然だった。

1995年からのインターネット社会

1995年は阪神淡路大震災とオウム真理教事件の年として記憶されている。だが、以後の世界の隅々まで影響を与えたのはインターネットの普及だ。ウィンドウズ95が発売された後、パソコンとウェブブラウザがあれば誰もがウェブサイトを見ることができ、かつ、eメールでデータを送ったり受けたりすることができるようになった。

IT企業が生まれ、IT起業家と呼ばれる人たちが出てきたのはこの年から後のこと。さまざまな会社が世界と日本の経済に位置を占めているけれど、IT企業が登場したのは30年前のことなのである。

ただし、1995年という年には誰もがインターネットを利用していたわけではない。

同年のパソコン普及率は16・3パーセント（総務省「通信利用動向調査」）。その後の動向調査を見ると、パソコンが普及していくのは1995年から2000年にかけてのことだ。

パソコンの国内出荷台数は1995年には570万台。3年前の約3倍になっている。その後、２０００年には国内出荷台数が１２１０万台となる。21年のそれは１３２２万台、コロナ禍もあって前年よりも16・９パーセントも減少している。

インターネットの利用率については、次のようになっている。

利用率に関する調査が始まったのは１９９６年からで、同年は3・3パーセント（上記総務省調査）。２０００年が34・０パーセントだ。インターネットの普及が伸びたのは１９９９年から始まった携帯電話のｉモードサービスからだ。接続に手間のかかるパソコンからではなく、ｉモードが利用者を増やしたのだった。

ただ、前記にあるようにパソコンを買う人は毎年、伸びていった。初期はオフィスでも「パソコンは課に1台」だったのが、３人に1台、ふたりに1台となり、その後、ひとり1台になっていった。オフィス需要が多かったのである。パソコンは決められた時間しか使うことができなかったから、オフィスで使っているだけの人はなかなか上達しなかった。使っていても間違った操作をして、画面はフリーズした。ＯＡ（オフィス・オートメーション）という言葉が躍っていた時代、パソコンは職場の生産性向上にはそれほど役には立たなかったのである。

ただ、パソコンを自宅で使う人が増えていくにつれ、習熟していった。インターネットの利用率は上がっていき、パソコンはワードプロセッサーや表計算の道具から、通信手段になっていった。

iモードに関連するが、モバイル端末（携帯電話）の普及率もまたインターネットの普及に合わせて伸びていた。携帯電話が普及し始めたのも1995年だった。前年には430万件程度だった携帯電話の契約数は、95年には倍増し、1000万件を突破する（総務省「情報通信白書」）。モバイル端末からのインターネット接続は何を生んだかといえば、それは個人需要のためのサイトだ。

もし、パソコンからのインターネット接続だけが続く世の中であれば、穐田がジャックで始めた中古車のダイレクトマーケティング、カカクコム、食べログ、クックパッドは成功していない。

さて、1995年、ウィンドウズ95のおかげでインターネットに接続するのが簡単になった。利用者は少しずつ増えていった。ステップアップしたのは99年のiモードの成功だ。そして、2000年以降、ベンチャー企業といえばIT企業を指すような状況になっていった。

穐田は早かった。ウィンドウズ95が出た翌年、ジャックに入り、インターネットを使って中古車のダイレクトマーケティングに手を付けた。彼は最初期に変化に気づいた。そして、自らやるべきことをやった。同時代に生きていた普通の人とはインターネットを見る目が違っていた。

1995年の世界と日本のIT企業創業者たち

ちなみに1995年、世界のIT企業とそれを始めた経営者たちは次のような状況のなかにいた。

1975年に創業したマイクロソフトはオペーレーションシステム（OS）ですでにトップシェア企業になっていた。率いていたのはビル・ゲイツ。そして、1995年にはウィンドウズ95を発売した。日本では11月に発売されたが、パソコンにダウンロードするのではなく最大30枚のフロッピーディスクをインストールしなければならなかった。

1976年創業のアップルはマッキントッシュ、パワーブックというパソコンの製造販売を行っていた。OSはウィンドウズではなく、Ｍａｃ ＯＳの前身にあたるもの。創業者のひとり、スティーブ・ジョブズは当時、退社していてワークステーションを開発する新会社「ＮｅＸＴ」のＣＥＯをやっていた。ジョブズは96年にアップルに復帰。ｉＭａｃ、ｉＴｕｎｅ、ｉＰｈｏｎｅの開発を始める。

ジェフ・ベゾスがトップのアマゾンは１９９５年から中古本の流通サービスを開始した。ナスダックへ上場するのは2年後だ。

グーグル、フェイスブック（現・メタ）、Ｏｐｅｎ ＡＩは存在していない。

グーグル創業者のラリー・ペイジとセルゲイ・ブリンがスタンフォード大学で出会ったのが１９９５年だった。

フェイスブックを興したマーク・ザッカーバーグは11歳で、ニューヨーク州ウェストチェスターのドブスフェリーで小学校に通っていた。

Ｏｐｅｎ ＡＩの創業者、サミュエル・アルトマンはミズーリ州のセントルイスで生まれた。１９９５年は10歳。初めて自分のコンピュータを持ったのは８歳。２年経っていたから、小学生時代にはインターネットに触れている。

テスラ、Ｘなどのオーナー、イーロン・マスクは１９７１年の生まれだ。誕生したのは南アフリカの首都プレトリア。その後、母親が国籍を持つカナダに渡り、1989年に18歳でカナダのクイーンズ大学に入学。

1995年にはアメリカに移住してきて、スタンフォード大学の大学院へ入った。だが、すぐに休学して弟と一緒にZip2というインターネット上のシティガイドを開発している。

一方、日本では1981年創業のソフトバンクが先端テクノロジーの企業とされていた。だが、創業時はパソコン用パッケージソフトの販売が主な事業で、インターネット事業ではない。

ソフトバンクが事業を開始した1980年代、日本ではインターネットなんて言葉はほぼ知られていなかった。むろん、IT企業があるはずがない。ソフトバンクがIT企業になっていくのは1994年に店頭公開してからのことだ。傘下になるヤフーの日本法人が設立されたのは96年だった。

実業家の堀江貴文は東京大学文学部に在学中。アルバイト、ヒッチハイク、競馬に熱中していた。1996年、ライブドアの前身にあたるオン・ザ・エッヂを創業した。

現在のGMOインターネットグループの前身にあたるボイスメディアは1991年

の創業だ。95年には「インターキュー」に商号を変えインターネットサービスプロバイダーとなる。ＧＭＯに商号変更されたのは２００５年のことだ。

楽天はまだ存在していない。日本興業銀行に勤めていた創業者の三木谷浩史が故郷の神戸市を襲った阪神淡路大震災の惨禍を見て起業を決意したのが95年春のこと。その年、興銀に辞表を出し、楽天の前身となるコンサルティング会社クリムゾングループを設立した。クリムゾングループはＩＴ企業ではなかった。楽天市場がサービスを開始したのは97年だ。

サイバーエージェントの創業者、藤田晋は穐田と同じ青山学院大学を出て人材派遣会社のインテリジェンス（現・パーソルキャリア）に勤務していた。サイバーエージェントをスタートさせたのは98年だ。

のちに日本の代表的なＩＴ企業となるＤｅＮＡ、ＬＩＮＥ、メルカリはまだ存在していない。ＤｅＮＡの創業は１９９９年、ＬＩＮＥは前身のハンゲームジャパンが２０００年創業。メルカリに至っては２０１３年の創業だ。

１９９５年より２〜３年後までにインターネットビジネスを始めた今も著名な経営者は孫正義、熊谷正寿、穐田誉輝、堀江貴文、三木谷浩史、藤田晋までではないか。

ＤｅＮＡ、ＬＩＮＥ、メルカリの創業者とは見ていた風景が違う。

穐田たちは現状をゼロから変えなくてはならなかった。インターネットがなかったところへ持ち込まなくてはならなかった。そこが違う。

楽天、サイバーエージェント、ＤｅＮＡ、メルカリといったＩＴ企業が利用したインターネットの効用とは、リアルの仕事をネットで代替させたことだ。商店街、広告代理店、ゲーム、フリーマーケットは従来から存在したビジネスモデルだ。インターネットで代替したことで運営コストは劇的に減った。それがビジネスになった。一方、グーグル、フェイスブック、カカクコム、食べログ、クックパッドがやったことは従来はビジネスではなかったことだ。穐田はインターネットをコストを低下させるためだけに使ったのではなく、草の根の一人ひとりの声を瞬時に集める効用に目を付けたのである。

ゲーム機、ワープロ専用機からパソコンへ

では、革命的な変化が進行していたさなか、普通の人はインターネットをどう受け

止めていたのか。

まず、1995年以前、パソコンを持っていた人たちがやっていたのは、ゲームとワープロ（ワードプロセッサー）機能の活用だった。ゲーム機の任天堂ファミリーコンピュータが発売されたのは1983年。85年にスーパーマリオブラザース、翌86年にドラゴンクエストがリリースされている。一方、ワープロ専用機はそれより以前の1980年代の初めから普及していた。パソコンを買った人たちは突然、それを手に入れたいと思ったわけではない。ゲーム機、ワープロ専用機を両方とも持っていたけれど、ひとつで間に合わせたいという人が少なからずいたのだ。日本のパソコン、インターネットの始まりはこのふたつが先行していたからだ。

普通の人のなかでも普通の人だった37歳のわたしは何をしていたかというと、1995年にはパソコンを所有し、プロバイダーとも契約し、インターネットに接続していた。それ以前は1989年に買ったワープロを愛用していた。

パソコンを買って、使い始めてから「これをビジネスにつなげてやろう」なんて、これっぽっちも考えていなかった。相変わらずワードプロセッサー機能を使って原稿を書いていた。ただし、インターネットがなかった時代はプリントアウトした原稿用紙を編集者にＦＡＸしていたのをメールに添付して送付できるようになってから、「これは便利」と原稿をどんどん書くようになっていた。

「時代は変わった、科学の力で世の中は便利になったものだ」と単純に喜んでいただけだ。普通の人はその程度だったのである。

「儲ける人は目の付けどころが違う」

「彼らは新しい情報に身体で反応した」

「時代に先駆け、時代をリードした」

当時、ＩＴ企業が成功したニュースを聞くたびにそんなことを考えて、ただただ感心するしかなかった。

さて、穐田が転職先のジャックで始めたインターネットを使った中古車販売は、かなり先駆的なビジネスだった。

何といっても、世間一般がインターネットやＩＴを受け止めて日常的に使うようになるのは１９９９年頃からだ。

たとえば２０００年のこと。日本政府はＩＴ基本法の成立を唱える「Ｅ－ジャパン構想」を打ち出した。当時の森喜朗総理は衆参両院の本会議における所信表明演説で同構想を説明する際、ＩＴ革命という言葉を「イット革命」と読み間違えた。

マスコミや評論家の一部は読み間違えを揶揄したり、くさしたりしたが、高齢者、情報に疎い人、インターネットを使っていなかった人たちはいったい何のことで評論家たちが総理をバカにしたのかよくわからなかった。ＩＴを「イット」と発音して何が悪いんだとしか思えなかったからだ。

中古車の流通とは

穐田が中古車の買い取り企業ジャックに転職した理由は、同社が上場を目指して成長していたからだ。ジャックが上場したら穐田は手に入れた資金で独立すると決めていた。一生、勤めようと思って同社に入ったわけではない。

ジャックに入った１９９６年頃、中古車の買い取りマーケットは拡大する一方だった。前年の95年、中古乗用車の販売台数は新規、移転、名義変更を合わせて５５７万台だった。5年後の2000年にはそれが624万台となっている。また、中古車マーケットがピークだった2005年は635万台だ。そして現在、21年は563万台である。

日本合同ファイナンスから転職する際、稲田には選択肢がふたつあった。中古車の買い取り業、もしくは衛星放送の会社である。外部に聞こえがいいのは衛星放送だった。先端テクノロジーの放送会社は当時、注目されていた。しかし、稲田はジャックを選んだ。それは中古車買い取り業が拡大マーケットにあると調査していたからだ。強運を呼び込んだきっかけは、この時の選択だ。仮に衛星放送に入社していたとしても、上場はしていたかもしれない。しかし、Netflix や DAZN のようなインターネット放送の伸長に比べれば衛星放送は停滞している。稲田の選択は間違っていなかった。

さて、自動車、中古車マーケットの話に戻る。

戦後のモータリゼーションは高度成長が本格化する1960年から始まったとされる。だが、本格化したのはカローラとサニーが同時に発表された1966年からだ。

カローラ開発を指揮したトヨタの豊田英二（翌67年に社長就任）は『決断―私の履

歴書』（日本経済新聞出版）でこう語っている。

「カローラはモータリゼーションの波に乗ったという見方もあるが、私はカローラでモータリゼーションを起こそうと思い、実際に起こしたと思っている。トヨタはカローラのためにエンジン（上郷工場）と組立（高岡工場）の二つの工場を建設した。うまくいったからこそ、今ごろのん気なことを言っていられるが、もし、モータリゼーションが起きていなければ、今ごろトヨタは過剰設備に悩まされていただろう」

人々が中古車を買うようになったのはモータリゼーションよりやや遅れてからのことだ。モータリゼーションが始まった頃まで、ユーザーは大金を投じて買った新車が廃車になる寸前まで、大切に乗っていたのである。だが、次々と排気量の多い新型乗用車が開発されるようになり、ユーザーはまだ十分に乗ることのできる状態の中古車を手放すようになった。ただ、その当時はまだ中古車の買い取り専門企業が登場していなかったので、新車ディーラーに持っていき、下取りしてもらって、新型車に買い替えるしかなかった。

変化が起きたのは１９７０年頃からだった。中古車のオークションが始まり、新車ディーラーや個人から流れてきた中古車をオークション会場に集め、中古車販売業者が値段を付けて買うようになったのである。

ユーザーにしてみれば新車ディーラーで下取りしてもらうよりも、オークションに出品した方が高く買ってもらえる。下取りだと新車代金が安くなるだけで現金が手に入るわけではない。だが、現金が欲しい人間にとっては乗っていた車がキャッシュに変わる。

こうして、中古車オークションの市場規模は徐々に大きくなっていった。1987年の123万台は10年後の97年には435万台になったのである。

穐田がジャックに入ったのは中古車流通が整備され、マーケットが拡大しつつある時期だった。

そして、ジャックを辞めた後、彼は投資家となり、投資したカカクコムの社長になる。その時はちょうどパソコンマーケットが拡大している最中だった。

カカクコムの社長時代にはサービスの一環として、グルメレビューのサイト「食べログ」を始めた。この時は個人経営の飲食店が増えている時期だった。次に社長になったクックパッドの時代には人口は頭打ちになっているにもかかわらず、調味料、ハーブ、スパイスが多様化する時代だった。

彼が関わったのは中古車、パソコン、飲食店、食料品、調味料……。

バブルが崩壊し、失われた年代であるにもかかわらず、彼が起業し、インターネットを駆使して経営に携わったジャンルはいずれもマーケットが大きくなったり、多様化したりしているジャンルだったのである。

そして、彼は意図してそのマーケットを選んだ。

ジャックのビジネス

ジャックのビジネスは、まず一般のユーザーから保有車を直接買い取る。買い取った中古車は業者間のオークションに出品する、もしくは輸出業者へ転売してマージンを稼ぐ。

ビジネスにかかるコストは次のようなものになる。まず、人件費と中古車を置く店舗の運営費だ。そしてオークションへ支払う出品手数料は1回あたり1万5000円。成約した時の手数料も1万5000円。オークション会場へ車を運ぶ陸送費が1台あたり1万円といったところである。ただし、陸送費は店舗からオークション会場までの距離によっても多少、変わってくる。他のコストとしては車が売れるまで店舗で保管するための場所代、売れ残った場合を想定したオークションへの再出品手数料だろう。

なかでも、もっとも大きな金額になるのは仕入れ代、つまり、ユーザーから中古車を買ってくる代金である。仕入れの構造は単純ではない。人気車種であれば高い価格で仕入れなくてはならないが、しかし、高い売値をつけてもすぐに売れる。車を寝かせておくコストがかからない。一方、人気のない車種は安く仕入れることはできるが、なかなか売れないから車を保管、管理するコストがかかる。

結局のところ、中古車買い取りビジネスのポイントは仕入れだ。中古車に限らず、中古品買い取り業で儲けるにはコストをかけずに仕入れて在庫せずに売ることだ。中古車だったらいかに人気の車を見つけて他社よりも早く買い取るかにある。買い取り費用を多く払ったとしても、すぐに売れる車を見つければ利益は出る。買い取り能力のある会社が業界をリードすることができる。そして、穐田はこの仕入れの部分にインターネットを持ち込んだ。

ジャックの仕入れ方法は他社よりも積極的だった。販売店に車を持ってきてもらうのを待つだけではなく、車を手放したいユーザーを探して、従業員が買い取りに行く「訪問型」と呼ばれる買い取り方法で快進撃したのである。

従来からある「店舗型」買い取り企業は店舗で車が来るのを待つだけだった。店舗ではつなぎの作業服を着た人間が中古車の査定をして、買い取り手続きを行う。

一方、ジャックの従業員は必ずスーツを着て、自宅まで行き、その場で査定して、車を引き取ってきた。訪問型だと店舗型よりも運営コストが少なくて済む。また、ユーザーが他店へ車を持っていくことを防ぐこともできた。

「お宅の広告を見たのだけれど、いくらで買ってくれるの？」

客からそうした内容の電話がかかってきたら、従業員は車種、年式を聞いたうえで、事務所を飛び出して自宅へ駆けつける。ボロボロの車でなければその場で現金を渡して成約してしまう。

仮に1台を50万円で引き取ってきたとする。買い取り業者はメンテナンスをして、オークションに出品すると15万から20万円の儲けになる。ジャックが出品した中古車を買った中古車販売店はそれに利益を乗せて次のユーザーに売る。こんな具合のビジネスだから、マーケットが拡大していればどんどん車を仕入れた会社が伸びていく。

そうした市場でジャックは成長していた。

インターネットの導入

訪問買い取りを重視したジャックの場合、「車を売りたい客」を集めなくてはならない。それまでは中古車雑誌に「車買います」という広告を載せ、客が連絡してくるのを待っていた。客はコールセンターに電話をかけ、「こういう年式のこんな車なんだけど……」と聞いてくる。コールセンターにいる女性オペレーターは専門担当者を通じて中古車の相場の目安を伝え、「詳しいお値段を出すには実車を見る必要があるので、住所を教えてください」、あるいは「こちらの店舗に車を持ってきていただけますか」と誘導する。

客は自宅に来られるのが嫌な場合は電話を切ってしまう。店舗が遠いところにあるとわかったら、これまた電話を切る。訪問型の場合、仕入れのための広告費、コールセンターの整備費がかかったのである。

そこで穐田は「ジャックネット」というインターネットの仕入れシステムを構築し、普及させることを思いついた。実はそれ以前に車の買い取り客にＦＡＸをプレゼントしてお得情報を流すサービスもやったのだが、そちらはさんざんな失敗に終わっていた。ジャックネットは起死回生の挑戦だったのである。

システムはこうだ。自社サイトに、車種、年式、買い取った値段、概要といった買い取り事例を載せておく。客は24時間、いつでもサイトを見ることができる。自分が売りたい車の買い取り値段の目安がわかる。店舗へ持っていきたい客はサイト上で予約を入れる。自宅に来てほしい客は自宅住所をジャックネットを通して、ジャックに知らせる。

ジャックネットのおかげで客は夜中でも休日でも自分が売りたい車のだいたいの値段を知ることができるようになった。それまで車を売ろうと思って情報を集めるのは一日がかりだったのである。会社を休んで、車を運転して買い取り企業の店舗まで持っていかなくてはならない。その手間を考えたら、２軒、３軒と買い取り価格を比較して、もっとも高いところで売ろうとは思わなくなる。

ジャックネットは革命的な仕入れシステムだった。もっとも、利用する人は最初から多かったわけではなかった。インターネットの普及に合わせて増えていったのである。ジャックネットの優れた点は、客が自分の車の情報を自ら入力するところにあった。ジャックは待っていれば正確な中古車情報を手に入れることができた。雑誌広告のコストもコールセンターのコストも徐々に節約することができたのである。

インターネットを広告媒体に

ジャックの本社は東日本橋にあり、従業員は100名程度。彼自身は両国の1DKのアパートに暮らして、朝から晩まで会社にいた。または中古車ヤードで車を洗ったりすることもあった。時には売りたい人の自宅へ行って、車を引き取ってきた。出かける時は在庫品の中古車、それも値段の落ちない古い国産車に乗って出かけた。

さて、彼はインターネットを仕入れ改革に使っただけでなく、広告媒体としても活用した。当時、出始めたヤフーやマイクロソフトのポータルサイトに広告を出したのである。

それまで中古車買い取り専門店が車を売るための広告を出すメディアは『中古車情報』などの自動車雑誌だった。もしくは業界紙、業界雑誌である。だが、穐田はポータルサイトにも広告を出してみようと思い、事実、やった。

ＭＳ（マイクロソフト）のポータルサイト上部にテキスト広告を出稿したのである。研究した結果、他のポータルサイトよりもＭＳの画面にあったその位置がもっとも費用対効果が高いと判断したからだ。

当時、ＭＳのテキスト広告を見たら、「インターキュー」が多かった。インターキューはインターネットの接続事業、プロバイダーである。現在のＧＭＯインターネットグループの前身で、熊谷正寿が創業した会社だ。

穐田は熊谷の目のつけどころに感心した。

「あのスペースをまとめ買いしてコストを下げる熊谷さんはインターネットのことをよくわかっている」

インターネットの黎明期、後に成功する起業家たちはどこかで交錯していた。

もうひとつ、彼はバナー広告のほか、クリック保証型広告にも予算を使った。クリック保証型とは広告のクリック数が一定回数に達するまで掲載を行う方式のこと。

広告の掲載期間内に、あらかじめ決められたクリック数に到達しなかった場合、掲載期間の延長や掲載メディアの増加などの対応が取られる。もしくは「これじゃ効果がない」と広告配信の終了を広告主が選択することもある。

稲田がジャックの広告を出すことにしたのは、サイバーエージェントが始めたクリック保証型広告「サイバークリック」だった。

担当営業マンとしてやってきたのが現在、同社取締役副社長の日高裕介。日高の勧めた通り、稲田は出稿した。ただし、当初は反響がなく、なかなか結果がついてこなかった。

「これじゃ、効率がよくないから一度、広告をやめます」

そう告げたら、日高は困った顔になって、「やめてください。何とか継続をお願いします」と頼んでくる。

「稲田さん、今度、社長を連れてきますから、広告をやめる前に話を聞いてください」

日高は頭を下げた。そこまでされるほど大量の広告を出していたわけではなかったけれど、稲田は「では、社長と話してみましょう」と答えた。その当時はまだインターネットに定期的に広告を出すクライアントが何社もあったわけではない。サイバーエージェントもまたベンチャー企業として会社の存続のために苦闘していたのだった。

2、3日後、ジャックの本社にやってきたのが大学の後輩で4歳年下の藤田晋だった。「なんだ。社長というけれど、ずいぶん若いんだ」と思ったけれど、そういう穐田自身だって29歳だ。他人のことをとやかく言えるわけではない。

発足当時のサイバーエージェントの全社員は2名。社長の藤田と社員の日高だけだった。

藤田は穐田に向かって、インターネット広告の未来を熱く語った。穐田は語る藤田を眺めていた。

藤田は「インターネットの広告はいずれ新聞、雑誌、テレビの広告を抜きます」と断言した。

穐田も「そうなるだろう」とは思っていた。だから、早いうちに広告を出したのだ。藤田は当時自らの日記をネット上に公開していた。日高とともに不眠不休で働く姿に共感を覚えたこともあり、サイバークリックを継続することにした。

その頃のサイバーエージェントはネット企業と呼ばれていたけれど、実質は営業力に頼る広告代理店だった。扱うメディアが紙媒体ではなく、インターネットメディアだったにすぎない。

インターネットの普及とともに、それに特化した広告代理店がいくつも出てきた。そうすると、取次手数料を安くしてクライアントを獲得しようという代理店が出てくる。取次手数料を安くした方が勝ちというビジネスモデルが一般的になったら、サイバーエージェントは成長することができなくなる。

藤田はインターネットの近未来をちゃんとわかっていた。そこでサイバーエージェントはブログ事業、ゲーム事業、インターネットテレビへと進出していった。

また、MSの広告枠に目を付けたインターキューの熊谷はインターネットの本質をよくわかっていた。熊谷は他社が参入してくる前に新しいサービス事業に足がかりを設け、資金を注ぎ込んだ。また、成長すると見通しをつけた会社をいち早く買収した。前述の村松竜が始めたネット決済システムの会社を買ったのも熊谷だ。その会社、GMOペイメントゲートウェイは今ではGMOグループを支える企業になっている。

GMOという名前は一般消費者にはそれほどは知られていない。しかし、穐田はインターネットなどの新技術や新メディアを熟知してビジネスに生かしている経営者は熊谷正寿だと思っている。

投資会社の設立を準備

穐田がジャックで行ったことは、普及して間もないインターネットによる中古車の仕入れシステムを確立したことだった。同時に八王子、横浜などにカートレット（カーとアウトレットの造語）をつくり、そこでリアル販売を融合させたこと。ただし、インターネット導入以前にトライしたＦＡＸ情報システムの導入は大失敗だった。それはユーザーの立場、環境をよくわかっていなかったことに尽きる。日本合同ファイナンスでも投資に失敗していたし、当時の彼は成功する前に必ず失敗していた。失敗して学ぶタイプだったといえる。

成長性を見込まれたジャックは１９９９年、店頭市場（当時）に株式を公開することができた。方々から金を借り、ジャックの株式に投資していた穐田は店頭公開で８億円前後の含み資産を持つ資産家になることができた。入社前に決めていた通り、彼はジャックを退社して投資家として会社を設立する準備を始めた。ところが、会社は穐田に株券を渡さなかったのである。むろん、正式な持ち主は穐田だ。訴えるなりすれば株券は戻ってくる。だが、そういうわけにもいかない。すると、会社は何も言ってこなかった。

一方で稙田は、借金の金利は払わなくてはならない。そこでジャックの株券を担保に銀行と個人投資家から金を借りて、それでいったん高利の借金を清算することにした。

その頃の彼は身分としては金持ちだ。だが、実際に手元には1円の金もない。一方で借金は増えた。

見かけ上は金持ちではあったものの、会社が株券を渡してくれるまで質素な生活を続けるしかなかった。

Tシャツを着た髪の長い男

ジャック時代の後半、稙田は中古車の買い取り、販売をやりながら、仕事の一環としてインターネット関連のベンチャー企業を発掘していた。

「稙田君はインターネットに詳しいから、投資候補先のベンチャー企業に一緒に行ってくれない？」

そう言ってきたのはジャックが取引していた携帯電話の販売会社、光通信の村上輝夫だった。

当時、村上は光通信のベンチャーキャピタル部門のトップだった。彼はインターネット関連企業を見つけては投資していて、その時の水先案内を務めたのが「インターネットビジネスの目利き」と評価されていた穐田だったのである。

穐田は新規事業の拡大を考えていた。村上への好意だけでベンチャー企業の経営者に会っていたのではなく、自社の業務の一環だった。ふたりは会社の規模などを気にせず、片っ端から経営者を訪ね歩いた。実際に面会してみると、大半の経営者はインターネットの知識があるわけでもなく、「儲かりそうだから」、ネット企業と名乗っているだけだった。つまり、箸にも棒にもかからないところがほとんどだったから、投資に値する会社はほんの少数にすぎなかった。

数多くの会社を訪ねたなかで、「ここはいい」と思ったのがオン・ザ・エッヂと創業経営者だった。

オン・ザ・エッヂは六本木三丁目の古いビルのなかにあった。創業経営者はサイズの合わない短めのTシャツを着た髪の毛の長い男で、名前は堀江貴文。

1999年、同社は創業4年目で業界最先端のエンジニア、デザイナーを擁するクリエイター集団として一部で知られていた。創業経営者の堀江もまだ「ホリエモン」ではない。

初対面で堀江がくれた名刺には「Living on the Edge」とあった。「ギリギリのところを歩いている」という意味だろう。

堀江は穐田と村上にオン・ザ・エッヂについて説明をした。

「うちの仕事はウェブシステムの開発です。ANAのホームページといったコンテンツ制作をやりましたし、小室哲哉さんのイベントのネット中継もやってます」

ただ、続いて堀江が話し始めたのは「村上さん、ダメですよ。あんな会社に投資しても無駄。だって、経営者、ヤバいですよ」といった痛烈な言葉だった。

「だいたい、この業界のやつら、どうしようもないんですよ。納期を守ろうとも思ってないし。ダメ。だらしないやつが集まってる」

穐田は「最高だな、この男は」と感じた。一緒にいた村上の胸中を推し量ることはできなかったが、「バカだバカだ」と連呼する堀江に強烈な爽快感を感じたのである。何といっても堀江が言っていたことは、実は穐田自身が感じていたことそのままだった。

堀江は自分自身の成功よりも、世の中を変えることだけを考えていた。そして、日本社会の硬直化した現状を憎んでいた。世の中のシステムを革新することだけを穐田に話した。

だからといって、彼は瞳のなかに星が瞬くような青年ではなかった。「夢に向かって驀進（ばくしん）している」とか「毎日、日記をつけて目標を管理している」といったような、わざとらしいことは言わない。不愛想に「世の中のシステムを変えないとみんな幸せにならない」と健全な意見を述べた。ただし、健全な意見をひとつ言うと、その後に、10倍の罵倒が控えていたけれど……。

堀江は「自分がしている仕事は幸福の追求だ。世の中のためになることが幸福だ」と最初から力説していた。

穐田は堀江貴文に初めて会った時から親近感を感じた。

そして堀江が話す技術の話はわかりやすかった。東大の文学部にいた堀江は文学的な知性を持っている。難しい表現でなく、誰にでもわかる表現でネットとその技術について説明をした。その時、穐田は村上に「投資先としてオン・ザ・エッヂは面白いと思います」とはっきり言った。

穐田はその後も堀江と連絡を取り、上場（２０００年）した後のライブドアに投資案件を持っていったこともあった。ただ、堀江貴文がホリエモンという名前で有名人になり、テレビに出たり、選挙に出たり、事件で捕まったりもしたので、結局、一緒に仕事をしたことはない。それでも、穐田にとっては友だちだ。堀江もまた穐田に対する態度は他の経営者とは違う。兄事するという表現があるけれど、そんな様子だ。

ホリエモンの穐田評

堀江は穐田について、どう思っているのか。わたしは直接、彼から聞くことにした。堀江、穐田と一緒にゴルフをして、フェアウェイやラフや林の中を歩きながら、なんでもかんでも話してもらった。

ゴルフの最中、堀江は礼儀正しかった。穐田に対しては敬意を払い、終始、敬語を忘れなかった。堀江はホールからホールへ移動する際も、スマホを操作して「案件」に没頭していたが、穐田が話しかけた時だけは手を止めて、目を見ながら正対し、「はい、そうです」と答えていた。世間の印象とはまったく違うさわやかな人物なのである。

堀江は今も実業界にいる。何人もの経営者のことをよくわかっている。仕事の力量だけでなく、人となりや考え方までわかっている。その堀江が穐田を褒める。

「穐田さんのことはクックパッドでその後、経営した人と比べてみればいい。もし仮に穐田さんがあのままクックパッドの経営をしていたら、もっと会社を成長させていたでしょう。

食べログも穐田さんですね。穐田さんがゼロからつくったサービスだけれど、あのジャンルは当時から成長する分野だと思っていました。僕自身、ライブドアグルメを始めて、かなり順調だった。ただ、僕がいなくなっちゃって、それで食べログにマーケットのすべてを持っていかれた。

あの時期、つまり、穐田さんがカカクコムをやっていた頃、僕は自分でも結構、無双していたと思う。ライブドアグルメだけでなく、ブログだって顧客を集めていたのはライブドアブログだった。グルメ、ブログ、その他の投資案件でも、僕が一時期いなくなったことで、残って仕事を続けたネット企業の経営者たちはある意味で得をした。

あの頃のネット企業の経営者は物事の本質がわかっていない人が多かった。なぜ、これをやるか、これはなぜ客に必要とされるのか、必要とされた後、どうやって売り上げを伸ばしていけばいいのか。

後先を考えずに、とにかくサービスをリリースしたらたまたま当たったみたいな人も少なからずいたわけです。ただ、穐田さんはそうじゃない。お客さんを見てサービスを考えて、売り上げの伸ばし方もわかっていた。元々、穐田さんはＩＴの人ではなく、サービスの人だから。お客さんのことを見ているからやるべきことをわかっていた」

堀江はライブドア事件で有罪とされ、刑務所に入った。だが、世間は彼のことを極悪人とは少しも思っていない。冤罪ではないかと感じている人間も少なくない。そして、刑務所から帰ってきた後も、彼の発信力は増している。刑務所へ行ったことは幸運に恵まれなかったことのように思える。しかし、戻ってきてからは、入る前よりもさらに活躍している。

初めて会った時から穐田と堀江が親しくなったのは、ふたりとも世の中の現状をよしとしなかったからだ。世の中と現状を変えて理想を実現するためにもがいた結果が起業だった。

日本には起業人材、経営人材が少ないと言われる。そのための教育機関やシステムがないとも言われる。しかし、起業、経営は教師から教わったり、教科書から学んだりすることではない。現状のシステムに乗っかることでもない。逆に、現状とそのシステムを否定することから始まる。頭がよくて学歴もあって、世の中のシステムに安住していたら、会社を興そうなんて考えない。穐田と堀江は現状もシステムもそのままではいけないから変えようと思った。そして今も変化を続けなければならないと決めている。

ただ、これはよほど生命力にあふれている人間にしかできない。

さて、光通信の村上に頼まれてネット企業の目利きをやったこと、堀江と会ったことは彼の人生においては踏み段を一段上がったことになる。

ジャックでは中古車販売でインターネットの使い方を学んだ。そして、ネット企業の経営者と会うことで投資先を見つける基礎的な力を付けた。

このふたつは彼が代表となって設立する投資会社アイシーピーの業績を支える大きな武器になったのである。

05

カカクコム

アイシーピーで働く株主を目指す

30歳になった彼は「ネット企業を投資対象として自分の金を運用してほしい」と言ってくれたある投資家からの30億円のファンド出資をきっかけにして、アイシーピー（ＩＣＰ　インキュベーション・キャピタル・パートナーズ）というベンチャーキャピタルを設立した。設立はジャックを辞めた翌月の１９９９年9月のことだった。日本合同ファイナンス時代の尊敬する先輩、石部将生や赤浦徹、勝方正英、後輩の渡邉安弘とつくった会社で、５人がそれぞれ1億円ずつ出資した。穐田が出資した金はジャックの株を担保に入れて借りた金だった。その後、出資額と借金は2億５０００万円まで増えた。

アイシーピーの事業はベンチャーキャピタルだ。ただし、スタンスはお金を投資して企業の成長を見守るというものではなかった。投資するだけでなく、経営にも主体的に携わるのが同社の特徴だったのである。日本のベンチャーキャピタルは金だけ出してあとはまかせるといったところが大半だが、欧米では経営がわかる人間がベンチャーキャピタルを始め、投資した会社の経営を注視する、あるいはサポートする。

アイシーピーもまた欧米型のベンチャーキャピタルで、穐田は「働く株主」型の投資と呼んでいた。

どうしてそうなったかといえば、事業のわかる投資家になりたかったからだ。アイシーピーの5人は投資した会社の取締役になって、週のうち何日かは投資先へ行って経営をサポートした。

アイシーピーが投資するのは未上場でしかもインターネット関連のサービスをやる企業にしていた。世の中の変化速度に対応するために、ベンチャーキャピタルのファンドとしては異例に短い5年満期とした。なるべく早く投資先に上場してもらい、そして株を手放して上場益を分配することにしたのである。

アイシーピーは投資先を決め、順調なスタートを切った。ところが、穐田自身は再び苦境に陥った。

２０００年の後半にはネットバブルが崩壊した。

日本のネットバブルが始まったのは１９９０年代の後半だった。アメリカにあるマイクロソフト、アップルのようなＩＴ企業ではなく、通信・携帯電話関連株、コンピュータ関連株に加え、通信業に属するネット企業とされた光通信、大阪有線（現・ＵＳＥＮ）などがネットバブルの主体だった。ピークは２０００年1月19日に日本のヤフー株が国内上場の株式として初の1億円を超えた頃から、3月に当時26歳だった藤田晋が率いるサイバーエージェントが上場するまでの間だった。だが、日本のネットバブルは短かった。同じ２０００年3月に文藝春秋が光通信の携帯電話売買を巡る不正を報じ、同社の株は20日間ストップ安で最高値の１００分の1以下まで下落した。その影響で他のネット関連銘柄も値を下げ、ネットバブルは崩壊したのだった。

本来、中古車の買い取りをやっていたジャックの場合、ネットバブルの崩壊とは関係がないはずだったが、稙田が導入したジャックネットが話題となり、ネット銘柄に分類されていたこともあって、ジャックの株は下落した。ジャックが上場した時（１９９９年）、稙田の持ち株の価値は8億円前後もあった。ところがネットバブルの崩壊で株の価値は２０００万円まで激減してしまったのである。

当時、株は穐田のもとに戻ってはきていたが、借金の2億５０００万円にはほど遠い。また、アイシーピーの経営者ではあったが、スタートしたばかりの会社だから社長の給料は微々たるものだ。さらに、アイシーピー自体がネット企業に投資していたから、こちらもまたネットバブル崩壊の影響を受け、とても上場できるような環境ではなかった。投資先の会社価値はすべて下落していたのである。

会社もうまくいかず、本人の生活もどん底だった。経営者でありながら貧乏というのは悲劇だ。ただの貧乏人の方がよっぽど気楽に生きていける。

大学卒業後まもなく、父親がバブル崩壊の影響を受けて株で大きな損を被り、自己破産を勧めたことがあった。今度は自分の番だった。

しかし、本人はまったくギブアップするつもりはなかった。ぎりぎりの生活をしながら、自らが見込んで開拓し、投資した会社の経営者になって、必ず株式を公開すると決めていた。見込んだ会社の名前はカカクコム。パソコンの価格比較をするサイトだった。

アイシーピー時代の穐田

新野将司はアイシーピーが人員募集していたのでメールを送ったところ、穐田、創業メンバーが面接に出てきた。そして、採用になった。彼は穐田より5歳、年下だ。

新野は新卒で入った総合商社、双日を3年で辞めて、アイシーピーに入社した。その後、カカクコムへ移り、現在はくふうカンパニーのグループに属する不動産サービスの会社、ハイアス・アンド・カンパニーの代表取締役をしている。くふうカンパニーの中ではもっとも長く穐田と働いている男だ。

新野はアイシーピー時代の穐田について、こう話した。

「アイシーピーは発足した当時、大勢の優秀な人材を集めていました。それこそ興銀(日本興業銀行、現・みずほ銀行)や総合商社やコンサルから来ていました。アイシーピーは投資だけをしようとしたわけではなく、投資と事業をつくることの両輪でやっていこうと決めていたからです。

あの時、僕は26歳。穐田さんは31歳でした。穐田さんは長髪の茶髪で全身Ｇｕｃｃｉ。本人は『これがオレたちの会社のブランディングなんだ』って言ってましたね。

『オレたちはチャラチャラしてるけど、ガーッと働いてるやつらだと世の中に思わせればいい』って。まあ、僕もチャラチャラしてましたね、あの頃は。

アイシーピーがやろうとしていたことははっきりしてました。現状の生活に不満があったから、ネットで生活を改善するサービスをするんだ、と。穐田さん、口を開けば『こんなサービスは使いづらいからダメ』と言ってました。ネットを使って変えるべきサービスのリストをつくっていて、100以上はありましたね。レストランの口コミやレシピのサイトはそのなかから生まれてきたんですよ。

穐田さんってふわっと仲間を集めるのが上手なんです。仕事にギアが入ったような人たちを集めるのがうまい。

それで、アイシーピーの話ですね。アイシーピーにずっといた人っていないんですよ。今もある会社ですけれど、投資をした会社で働いているうちに、そのままそこで社長になったり、独立して会社を始めたり……。僕自身もカカクコムへも行ったけれど、その後、アルチェっていう女性向けオンラインメディアの会社に行って取締役になり、成長させたところでライブドアに売却しました。アイシーピーにいた石坂（茂）さんはＩＢＪ（結婚相談サービス）を始めた。

穐田さんはとにかくエグジット（株式を売却して現金化すること）を嫌います。大嫌い。絶対反対。

とはいえ、ファンドなので儲けないといけないのではと問うと、『儲けなんて関係ない、もっといい会社になるのに何で売らなきゃいけないんだ』って言い返してくる。アルチェをライブドアに売ったのも穐田さんとしては嫌で嫌で仕方がなかった。

今、くふうカンパニーにたどり着いたのは、会社を売るのが嫌だから。自分がオーナーでいるのであれば、成長させて、ずっと会社を持っていられる。だからオーナーをやる。仕事をしたい仲間とずっと一緒にいることができる。ずっと仲間でいたいから自己資本でやっている。

一方、僕ら部下にとっての穐田さんはうまく壁打ちしてくれる人ですよ。『新野がやりたいなら、ずっとその会社にいれば』みたいな助言をしてくれる。僕はイノシシなんですよ。真っすぐ行くだけ。穐田さんは『お前がまっすぐ行くのはわかった。でも、行く前にちょっと話するか』って言うだけ。

あと、投資で大切にしているのは創業者のことです。創業者はリスペクトすべき存在だというのが明確なんです。アイシーピーから派遣されて僕らが事業に入っていって社長をやったりするでしょう。難しい部分もあるけど、わりと簡単だと思うんですよ。なぜかといえば、強烈な思い入れがなくとも利益を出す戦略を決めて実行すればいい。

でも、創業者って利益よりも、どういうことを実現したいかという理念が先にある。理念を持って事業をスタートさせている。そういう人は考えていることが大きいし、複雑です。創業者は単純に利益を出す会社をつくりたいわけではない。

穐田さんはそこをわかっているんです。投資家として、そこまで創業者の気持ちや理念を重要視するのは穐田さんくらいのもんです。

話は戻りますが、あの頃のアイシーピーは会社というより学校でした。穐田さんは『実家だと思え』と言っていましたね。アイシーピーから出ていって、会社をやってかまわない。でも、何か不満なり相談があったら、いつでも戻ってこいって。僕もそうだけれど、アイシーピーに入るまで、題材を持っていなかった。僕みたいな人、多かったと思うんです。みんな何も持ってなくて、アイシーピーで題材を見つけたことで成功したんじゃないかな」

現状を疑う

新野が言った通り、穐田がアイシーピーでやりたかったことは人が困っていることを解決するサービスへ投資することだ。そのためには自ら投資先へ乗り込む。

現状を変えようとしないで客から金を取るサービスは当時も今もいくらでもある。たとえば、結婚式場だ。一般の結婚式場は何かと料金を請求する。

カメラマンを頼んだら5万円から10万円。ウェディングドレスを持ち込むだけで5万円から10万円といったケースはざらにある。結婚式は一生に一度のことだから、客は文句を言わないケースが多い。しかし、考えてみればおかしなことだ。

友人にカメラマンがいるカップルの場合、「居酒屋でおごるから写真を撮って」と頼めば、そのカメラマンは喜んで結婚写真を撮影するだろう。だが、その場合でも、「専属ではないカメラマンの場合、お金はいただきます」という式場がある。

そういうビジネスは長くは続かない。

穐田はアイシーピー時代、友人が結婚した時、ウェディングドレスの持ち込み料を30万円請求されたと聞いた時、憤慨した。

当時の彼は生活のなかで許せない現実にぶち当たることが多かった。そんな時にインターネットを使って改善するサービスを考えた。世の中の許せない現実を疑い、変えなくてはならないと心底から思った。

そして、現状を疑い、変えたから、今もベンチャー経営者として存在し続け、結果を残している。

「現状を疑う」

言いかえれば改善することに情熱を傾けること。現状を疑い、改善するのが本物のベンチャー経営者だ。

セブン-イレブンを日本に持ってきて、従来のセブン-イレブンを違う形につくり上げた鈴木敏文もまた現状を疑う男だった。

100円ショップ、ダイソーの創業者、矢野博丈は鈴木敏文のこんなエピソードを語っている。

「セブンイレブンの鈴木（敏文）会長（当時）は、ある時にパンのバイヤーを呼んで『こら、うちのカレーパン、美味しくも何ともないじゃないか』と怒鳴ったそうなんです。パンのバイヤーは『お言葉ですが、カレーパンはよく売れています』と返したんですが、『馬鹿野郎！　お前はセブンイレブンを潰す気か、即刻廃棄しろ！』と言って、午後3時くらいだったそうですが、全店のカレーパンを廃棄させたんです。

それまでのカレーパンはドーナツみたいに真ん中が凹んでいたんですが、半年後にリニューアルしたカレーパンは、水気があって真ん中がプクッと膨らんだものでした。『具が大きくなって、うんと美味しくなりました』とパッケージに書いてあったんですが、それから半年もしないうちに、日本中のカレーパンがみんな同じ形になりました。

鈴木会長は『今うまくいっているから、いいじゃないか』という理論ではない。美味しくないものは許せないという、あの一本、筋の通った言葉はなかなか言えませんよね。もう20年くらい前の話ですが、『あのとき、なんぼ損したんですか？』と聞いたら『7000万円だ』っておっしゃっていました」（『Ｆｏｒｂｅｓ　ＪＡＰＡＮ　Ｗｅｂ』２０２０年）

矢野博丈にはわたしも会ったことがある。

「信用できるのは目が笑ってないやつだけ」と言っていた。金に困って夜逃げした経験もあるくらい苦労した男だけれど、彼もまた「安かろう、悪かろう」という現状を否定するために起業した。だから、質の悪くない商品を１００円で売り始めたのである。

ユニクロの柳井正だってそうだ。彼もまたアパレル界の現状を疑っていた。柳井がつくったのは流行の洋服ではない。誰でも流行を気にせずにそこそこの値段で買える質のいい服を作って売ったのである。

そういう製品は彼が始めるまで存在しなかった。たとえ、安物でも、どこかに流行の気配を盛り込むのがアパレル業界の人間がやることだった。だが、柳井は「流行の商品だから、その分、高い値段を付ける」という現状をそのままにしておきたくなかった。だから、ユニクロを始めた。

現状を疑うとは世の中を変えたいということに通じる。穐田は現状維持で異論を封ずる人間が幅を利かせている世の中を変えたかった。

インターネットの利点とは何か

アイシーピーを始めて1年後の2000年の5月、アイシーピーはカカクコムの前身、コアプライスに1億円の出資をして20パーセントの株式を取得したのである。稙田自身は出資と同時に社外取締役になった。

カカクコムのホームページ「カカクコムの歩み」は創業時のことをこう記している。

「『価格．ｃｏｍ』は、１９９７年5月、槙野光昭氏によって開設されました。

大学卒業後、パソコン周辺機器メーカーへ入社した槙野氏は、秋葉原の電器店を回って製品の店頭価格を調べる業務の中で、『消費者は一番安い商品を探し、お店はライバル店の価格を知りたがる。誰もが価格情報を求めているのでは？』と、インターネットを通じて価格情報を提供するサイトコンセプトのヒントを得ます。

会社を退職後、試行錯誤した結果『価格．ｃｏｍ』が誕生。連日手作業で価格更新を繰り返していましたが、翌１９９８年には、お店が価格をリアルタイム、かつ直接登録できる独自システムを開発。『Ｗｉｎｄｏｗｓ98特設掲示板』を設置し、ユーザー間で意見交換できるコミュニティの場をいち早く提供したのでした」

稙田にとって「カカクコム」はどうしても出資したい会社だった。十数年前、彼が中学生だった頃、秋葉原に行ってステレオを買おうと思ったら2週間かけて、店舗を回り、直接、価格をチェックする必要があった。それがインターネットのおかげで現地まで行かなくとも、もっとも安い価格の家電製品を探すことができるようになったのである。そんな彼にとって価格比較サイトはやりたいサービスだったのである。

出資できた理由は穐田が槙野にビジネスプランの提出を求めなかったからである。

その頃、すでに別のベンチャーキャピタルからの出資話が進んでいて、ビジネスプランの提出を求められていた。それがなければベンチャーキャピタルは出資の審査ができない。

槙野は忙しすぎた。人員は5名しかいなかったこともあったが、何から何までひとりでやっていたのである。

槙野は若く、ビジネスプランなど書いたこともない。社員にも書ける人はいない。

そんな時、穐田が「ビジネスプラン提出は不要です。私がつくります」と言ったことでアイシーピーが出資することになった。

店頭調査から検索、価格入力システムへ

アイシーピーが投資する以前からカカクコムはそれなりに評価されたサイトだった。同様のサイトも少しずつできていたが、カカクコムは小さいながらきらりと光る会社だったのである。

槙野がやったことは店頭まで出かけていく価格調査だった。秋葉原の電気街へ出かけていき店を回る。陳列してあったパソコンの仕様と値段を調べてメモを取った。また、電気街で配っていた値段が書いてあるチラシも残らずもらっていた。労働集約型の仕事である。ただ、すぐに価格調査はやめた。やめざるを得なくなった。それは連日、同じ店の店頭に立っているうちに、店の主人から怒られるようになったからだ。「お前、毎日、何をしてるんだ。他の店のスパイじゃないか」と言われて追い払われた。店主にしてみれば、毎日やってきては何も買わずにメモして帰る男は不審者そのものだ。

店頭での価格調査は長続きせず、作戦の転換を強いられた。秋葉原で出入り禁止になってしまったため、その後はインターネットで店のホームページを探し、パソコン

の販売価格を調べることにした。ただ、問題は残った。当時、まだグーグル検索はなかった。グーグルが日本でサービスを始めたのは２００１年の8月だ。槙野はグーグルのロボット型検索ではなく、ヤフーのディレクトリ型検索でパソコンの店舗を調べ、販売価格を見つけるしかなかった。

店の主人から怒られることはなくなったが、その代わり、待っていたのは検索に次ぐ検索作業である。検索して型番や価格を調べるのは手間のかかる長時間労働だ。最新の価格を調べたら今度は手作業でコピー・アンド・ペーストを繰り返す。そして、ホームページからデータをコピペする仕事だから、何も秋葉原の情報だけに限定することはない。槙野と社員たちは新宿や池袋の家電量販店のパソコン価格も調べるようになっていった。仕事量はますます増えた。

検索、手作業、コピペにはどうしてもミスがついてまわる。それを防ぐために槙野が考えついたのが自分たちが作業をするのでなく、販売店にやってもらうこと。つまり、カカクコムが型番など商品情報を入力しておいて、販売店は最新の価格を入力すること。カカクコムはそれをそのまま掲載する。価格のミスをしても、それは販売店の責任だ。弁償しなくてもいい。何といっても作業量は激減する。

具体的にはこうだ。まずエクセルファイルにパソコンの型番と仕様を入れておく。

次の欄を空欄にしておいて、「御社で値段を入力してください」と伝える。そして、記入してもらった値段をカカクコムのサイトに反映した。店が価格をリアルタイム、かつ直接登録できる独自システムを開発したのである。

槙野がやったのは発想の転換だった。忙しすぎるから面倒くさい作業はなるべく外部にやってもらう。手間のかかる作業はなるべく自分たちでやらずに、タダで他人にやってもらう。それに尽きる。他人の力を借りる方がDX導入よりはるかに効率はよくなる。

ディールタイムとの戦い

穐田が社外取締役として入社したのは槙野が価格入力システムを導入した後のことだった。

穐田が初めて社外取締役として浅草橋にあったカカクコムに出かけた日の朝のことだ。小さなビルにあった事務所に着いたら、隣のビルの入り口には段ボールを積んだリアカーを引くランニングシャツ姿の人たちが並んでいた。「何事か」と思ったら、隣のビルは段ボールの中間処理会社だった。段ボールを持っていくと、買い取ってくれたのである。のちにカカクコムは水道橋のビルへ移る。だが、それまでの間、穐田が出勤する時はリアカーを引いた人たちと一緒だったのである。

そしてカカクコムの事務所は暑かった。事務所にはデスクと一緒に大型のサーバーがあり、絶えず熱を発していた。その当時、レンタルサーバーというものはなく、自社で買わなくてはならなかった。小さな事務所だったのでサーバーはデスクのすぐ近くに設置してあった。そのため、事務所のなかはいつも暑かった。エアコンを効かせると、風の吹き出し口近くはとても寒くなった。暑さと寒さと段ボール処理の音のなかで社員たちは働いた。

カカクコムで働くことになり、直面したのは強大なライバルとの戦いだった。

価格比較サイトの有力企業、アメリカの「ディールタイム」が2000年2月に日本に進出してきたのである。ディールタイムにはジャフコ、三井物産、オムロン、クレディセゾンなどが出資し、たちまち40億円を調達してしまった。

また、ディールタイムは日本進出に際して多額の資金を調達しただけでなく、一橋大学を出た東京銀行（現・三菱UFJ銀行）出身の優秀な人間を社長に据えた。そして、資金力にものをいわせて宣伝広告にも金を使った。

ディールタイムは豊富な資金力と優秀な人材を表に立てて、カカクコムを圧倒する戦略を取ったのである。カカクコムが音を上げて「うちを買収してくれませんか」と言ってくるのを待っていたのだろう。

強大なライバルに対し、カカクコムの資金はアイシーピーが出した1億円しかなかった。人材といえば槙野、穐田のほかはビジネス経験のない20代の人間だけだ。ほぼ全員がアキバオタクでゲームが好きでパソコンには詳しいが、コミュニケーションは苦手……。前の晩、遅くまでゲームをやっていて、次の日は休んでしまうこともあった。

だが、彼らはパソコンに愛情を持っていた。そして、妙に真面目だった。だらしないところはあったが、根は真面目だから、反省はする。遅刻はするのだけれど、申し訳なさそうな顔になる。社会人としての常識はなく、人見知りな連中だったけれど、それでも穐田は彼らが好きだった。訳知り顔の外資系エリートより100倍マシだと思った。何といっても、穐田もアキバオタクも世の中の現状を疑う点においては同志だったからだ。

2001年8月末、穐田がカカクコムに来てから1年が過ぎた頃、強大と思えたライバル、ディールタイム日本法人はサービスを中止し、その後、事業は清算された。カカクコムはいつの間にかディールタイムに勝利していたのだった。

勝った原因は槙野の執念とチームの力だ。手入力と徹夜作業と気合とアキバオタクならではの細かいところまでの追求心がディールタイムを撃退したのだった。

ディールタイムのサイトにはパソコンの販売店、仕様、価格が載っていた。一見、カカクコムと同じだ。だが、カカクコムは仕様のディテールまで追求して載せていたのである。

パソコンの場合、型番が同じであっても、最後の文字が「W」だとしたら、白のパソコンで、「R」だったら赤のそれだったりする。ユーザーはそこまで追求する。モノを買おうとする人間にとって重要なのはディテールだ。細部までこだわって情報を載せたからこそ、オタクチームは勝つことができた。

すると、カカクコムの快進撃を見て、後発の同業者が出てきた。しかし、それもまたオタクチームは気合で倒した。ベンチャー企業の力とは結局のところ気合だ。頭のよさではない。今に至るもカカクコムを抜き去るような価格比較サイトは出てきていない。

成長

２００1年12月、稙田は社長になった。槙野は「早く仕事をやめて無職になりたい」と言ってきて、「すぐに仕事を引き継いでほしい」という。それで社長を受けたのだった。

稙田は社員全員と面接した。

面接で社員からの質問はふたつ。

「社長、事務所のラジオは消した方がいいですか?」「髪の毛は切らないとダメですか?」である。

カカクコムでは朝から晩までＡＭラジオが流れていて、流行歌がかかっていた。特に嫌なことではないと思ったが、稙田が何も答えなかったら、誰かが自発的にスイッチを切った。事務所のなかは静かになった。また、長髪の社員からの質問に対しては

「どっちでもいいよ」と答えた。それが社長としての最初の所信表明だ。

社長としてやったことはいくつかある。ラジオと長髪の次に手を付けたのは社員のモチベーションを上げること。

「この店はスケート場なのか？」と疑うような、床面に油脂が残った居酒屋でビールやチューハイを飲みながら、部下を慰労し、話を聞いた。仕事の話だけでなく、個人的な相談にも乗り、社員の別れ話にも相槌を打った。そして、仕事では小さなことでも何かやったことに対して評価した。すると、部下は少しはやる気になる。人が頑張るのはお金ではない。一緒に働いている人間がきちんと評価すれば人は頑張る。そうしているうちにアキバオタクはチームになっていった。

全員が一致団結した。サイトは成長してきていたので1日分の仕事が1日で終わらない。穐田含め会社のソファで寝る社員も多かった。

顧客志向

次に穐田が指示したのはサイト上の商品を安い順に掲載することだった。それまで、最初の画面には商品の価格に関係なく、サイトへの広告出稿金額が高い店舗から順番に並んでいた。

穐田はそれを変えた。

難しいことではない。ソートをかけて並べ替えればいいだけの話だ。カカクコムの画面トップにはいちばん安い価格を付けている店舗が載るようになり、ユーザーは自分が欲しい情報を瞬時に見つけることができるようになった。

それまで、じわじわとユーザーを集めつつあったカカクコムは、この直後から成長を加速させた。取扱商品数も増えて、ユーザー数が一気に伸びた。

ユーザーが知りたいのはいちばん安い製品からせいぜい5つか6つまでだ。それ以上、スクロールすることはほぼない。ユーザーの気持ちに寄り添った並べ方にしたことで、カカクコムのユニークユーザー（サイトを訪れた人の数）はぐんぐん伸びていったのである。

ただし、クレームも増えた。クレームの電話をかけてきたのはユーザーではなく販売店の主人だった。

「お前、なんでうちの店が最初に出てこないんだよ」

「すみません、でも、これ価格順で安い順から載せてるんで」

販売店の主人はそこで一瞬、黙る。そして、猫なで声に変わる。

「なーんだ。そうだったの。じゃあ、いちばん安い値段にすればトップに載せてくれるね。わかった」

パソコン販売店の経営者は一日中、カカクコムのサイトを見るようになった。そして、昼夜問わず最安値を付けるのが日課になったのである。

電子空間のなかで販売店の主人たちはどんどん価格を下げていった。カカクコムが登場する前でも、販売店が提示するパソコン価格はメーカーが付けた最低価格より安いことはあったが、それには限度があった。ところが、数多くの販売店が集まるカカクコムではひとつの店が安い価格を付けると、他の店もそれに追随する。メーカーが付けた販売価格ではなく、ユーザーが希望する価格が付けられるようになっていったのである。

そうなると、パソコンメーカーとしては価格を上げることが難しくなった。企業努力で性能は上げる。しかし、価格は据え置くといった姿勢をとらざるを得ない。インターネットはユーザーが欲しい価格をメーカーに知らせる役目を果たすようになった。

カカクコムの社員たちの忙しさには拍車がかかった。手作業の入力だとどうしてもミスが起こる。「34センチメートル」のパソコンを「34メートル」と表示することだってないわけではない。商品の写真を間違えて掲載したりもする。すると、ユーザーやメーカー、販売店などからクレームが入る。手入力とともにクレームは増える一方だった。

ただ、クレームが増えたことはカカクコムチームにとっては決して悪いことだけではなかった。クレームはいろいろな立場の人がつねにカカクコムのサイトを見ている証拠だ。カカクコムの価値が上がっていることを実感するのがクレームの増加だったのである。

そして、怒ってクレームを言ってくる販売店の主人やメーカー担当者もいれば、逆に「お宅のおかげで売れた」と感謝してくる人も増えた。クレームが増えたことは社員のやる気にも結びついたのである。

上場

ユーザーが増えればカカクコムの利益は増える。ひとつは大勢の人が訪問するサイトになればメディアとしての価値が上がる。広告が入ってくる。もうひとつはアフィリエイトだ。アフィリエイトとはインターネットのサイトを利用した成果報酬型の広告宣伝手法をいう。サイトに掲載された情報を通じて商品の購入、サービスの契約が行われると、サイト運営者は販売した店や人から一定の報酬をもらうことができる。つまり、カカクコムに掲載されたパソコンが売れたら、同社は販売店から価格の何パーセントかの報酬を受け取ることができる。

サイトを見にくるユーザーが増えればパソコンも売れていく。カカクコムの売り上げはさらに増えていった。

カカクコムは快進撃を続けた。パソコンの次にはプリンターなど周辺機器を扱い、その次は家電製品も始めた。中古車の価格比較もやり、自動車保険も価格比較の対象に加えた。そして、もっとも反響が大きかったのはブロードバンド回線の契約比較だ。インターネットの進展と同社の成長は軌を一にしていたのである。そうして「どの店がいちばん安い商品を置いているか」を広めていったのだった。

彼らの仕事は楽にならなかった。ユーザーの増加にしたがって、サイト内の掲示板が荒れるようになったのである。商品を買ったユーザーからの罵倒レビューが現れた。

「このメーカーのパソコンはどれもクソだ」

「クソの塊だ。死ね！」といったストレートな悪口だ。また、パソコン初心者の素朴なレビューに対しても「引っ込め」「サイトに投稿するな」といった誹謗中傷が行われるようになった。穐田は掲示板の運用基準を変えて、悪口は削除し、初心者いじめもなくした。

ルールを決め、掲示板をクリーンにしていくとユーザー数はまた伸びていった。さまざまな職種の販売店からの登録依頼も増えた。作業はますます多くなっていったが、社内は活性化したのである。

カカクコムは２００３年には東証マザーズに上場した。穐田は大きなキャピタルゲインを手にする。彼が自己破産の恐怖から逃れたのはこの時だった。ジャックに入った1996年から2003年まで続いた長い借金生活に別れを告げ、やっと金のことを心配せずに生きていくことができるようになった。

上場する前、オタクたちにも株を割り当てていた。彼らは金を払い込めば、株主として上場を迎えることができる。そうして、キャピタルゲインを手にすることができる。

ところが、払い込み日の当日、ひとりが穐田のもとにやってきて言った。

「すみません。株を買う金がないんです」

「どうする？」

「……」

何も言わない。穐田は笑って言った。

「いいよ。銀行に行こう。貸してやるよ」

ふたりで金を下ろしに行き、オタクはすぐに窓口で金を払い込んだ。

カカクコムの上場は楽天（2000年4月ジャスダック）、サイバーエージェント（2000年3月東証マザーズ）、ライブドア（2000年4月東証マザーズ）に遅れること3年。それでもＤｅＮＡの東証マザーズ上場（２００５年2月）よりは1年と半年、早かった。

すでにインターネットバブルは崩壊していたため、カカクコムの上場は大きなニュースにはならなかったし、社長をやっていた穐田も名前が知られたわけではない。だが、同社は現在でも成長を続けている。パソコン、家電製品から始まり、ファッション、ベビー用品、保険、旅行、資産運用などのサービスについても価格比較をしている。生活に必要な商品、サービスを選ぶ場合、カカクコムのサイトを訪れてから買い物をする消費者は少なくない。

同社の時価総額（２０２３年）は約３５００億円。サイバーエージェントの４５００億円よりは少ないがＤｅＮＡの１８００億円よりは大きい。

カカクコムへの攻撃

２００５年3月、カカクコムは社員数が50人を超え、東証マザーズから東証一部に指定替えになった（現在は東証プライム）。

アキバオタクの集団が三菱商事や東京海上HDと同じカテゴリーの上場企業になったのである。

ところが、ベンチャー企業には順風満帆という時期はない。

同社が一部上場企業として最初の決算発表を控えた5月、会社が立ちいかなくなるような危機に陥ったのである。

サイバー攻撃だった。外国からサイバー攻撃を受け、サイトを閉鎖、つまり、営業ができなくなった。カカクコムに対するそれは日本の企業を狙った海外からの大規模サイバー攻撃の初の事例として今も記録されている。

サーバーがダウンすると、登録した販売店から受け取る掲載料も入らず、広告料もなくなる。メーカーが工場を閉鎖したようなものだ。東証一部になり、一流企業と呼ばれてもおかしくない立場に立ったとたんに、カカクコムは倒産と向かい合うことになったのである。

状況は次のようなものだった。

「穐田社長らによると、同社が不正アクセスに気付いたのは5月11日午前11時ごろ。

同社スタッフがサイト巡回中に改ざんを見付けたほか、ウイルス対策ソフト『NOD32』のユーザーからウイルスを検出したと指摘も受けた。(略)

11日の時点でサイトを閉鎖しようという意見もあったが、『閉鎖してしまうと不正侵入の経路や手法が特定できず、再開後もまた同じ攻撃を受ける危険性があったため』(稲田社長)、警察などと相談した上で手作業で改ざんを修正し、この時点での閉鎖は見送った。

その後は情報処理推進機構(IPA)や警察、セキュリティ企業などの協力を受けて24時間体制でサイトを監視し、改ざんを見つけ次第、手作業で修正していた。だが14日になってアタックが急増し、修正しきれなくなったため一時閉鎖を決定。午後2時ごろにいったん閉鎖し、午後10時ごろ再開したが、すぐに集中攻撃を受けたため再度閉鎖した」(ITメディアニュース)

サイバー攻撃はサイトを閲覧した利用者に対して無差別にコンピュータウイルスを送りつけるというものだった。当時、カカクコムのユーザー数は月間で約640万人。大きなニュースとして新聞に載り、テレビでも流された。稲田が有名人として繰り返しメディアに報道された際の映像は東証一部に上場した時ではなく、サイバー攻撃の被害者となって、謝罪していた時のそれだ。

彼にできたのはカメラの前で頭を下げることだけ……。

「考えられる限りのセキュリティ対策をしてきたつもりだった。ユーザーやクライアントにまことに申し訳ない」

サイトを閉鎖した後、サーバーを入れ替え、システムも強化した。大きなコストである。しかし、ウイルスに汚染されたサーバーを使い続けるわけにはいかない。

ユーザーからはクレームが殺到した。メールと電話のクレーム内容はいずれも「自分のパソコンはウイルスに汚染されているのか」という問い合わせだった。

問題は当初、地域の警察署が被害届を受理しなかったことにあった。サイバー犯罪に対しての知見がなく、犯人の逮捕は無理だろうと判断したためなのか、警察署は動かなかった。カカクコムとしては被害の内容、手口などは類似犯罪の恐れがあるから公開できない。それを知らないマスコミは「カカクコムが手口を公開しないのは何か後ろめたいことがあるからではないか」と無責任な報道を始めた。

社内は動揺した。社内の人間だってサイバー攻撃に関しての詳しい情報は知らない。

「このままでは内部崩壊する」と思った穐田は知人を介して警察庁に話を通した。すると、警察庁が事件として取り上げ、インターポールを通じて捜査を始めたのである。カカクコムが純粋な被害者だとわかったことで、マスコミ報道は減った。

犯人の中国人留学生が逮捕されたのは時間が経ってからだった。何といっても初めての大規模サイバー攻撃であり、警察もマスコミも事態を完全に把握することはできなかったのである。

結局、入れ替えたサーバーとシステムで営業を再開したのはサイバー攻撃から3週間後のこと。

カカクコムはサイトの復旧を待っていてくれたユーザーのため、復活記念キャンペーンを行うことにした。カカクコムのIDを新規登録した人、またはサイト閉鎖前に取得したIDのパスワードを再登録した人から抽選で商品購入券や海外航空券、MP3プレーヤーや松茸をプレゼントした。

それにしても、彼の人生はジェットコースターに乗っているようなものだ。日本合同ファイナンスではだまされた。ジャックではFAXで大きな失敗をした後、何とかインターネットシステムを構築した。アイシーピーをつくったのはいいものの、ネットバブルの崩壊で株の価値が下がった。そして、借金ができた。カカクコムに投資して、上場したことで資産ができた。資産ができたと思ったらサイバー攻撃を受けた。人生はいいことだけが続くわけではない。ただ、悪いことが降りかかってきたら、順番としては次は何かいいことが起こる、かもしれない。そう思って失敗や災難を乗り越えるしかない。

06

食べログ

店を始める個人たち

カカクコムは価格比較サイトに分類されるが、株価を支えている大きなサービスは穐田が始めた食べログだ。たとえカカクコムを知らなくても食べログを知っている人は多いだろう。

食べログは外食産業の発達に応じて生まれたサービスだ。

日本の外食産業が大きく変化したのは１９６４年の東京オリンピックと70年の大阪万博だとされている。東京オリンピックでは選手村の食事に初めて冷凍食品が使われた。１万人近い選手たちにステーキを提供するため、毎日、チルド（冷蔵）の牛肉を調達していたら市場価格が上がってしまう。まだ牛肉の消費がそれほど多くなかった

この度はご購読ありがとうございます。アンケートにご協力ください。

本のタイトル

●ご購入のきっかけは何ですか?(○をお付けください。複数回答可)

1 タイトル　2 著者　3 内容・テーマ　4 帯のコピー
5 デザイン　6 人の勧め　7 インターネット
8 新聞・雑誌の広告(紙・誌名 　)
9 新聞・雑誌の書評や記事(紙・誌名 　)
10 その他(　)

●本書を購入した書店をお教えください。

書店名/ 　(所在地 　)

●本書のご感想やご意見をお聞かせください。

●最近面白かった本、あるいは座右の一冊があればお教えください。

●今後お読みになりたいテーマや著者など、自由にお書きください。

どうもありがとうございました。

郵 便 は が き

おそれいりますが
63円切手を
お貼りください。

1028641

東京都千代田区平河町2-16-1
平河町森タワー13階

プレジデント社
書籍編集部 行

フリガナ		生年（西暦） 年	
氏　名		男 · 女	歳
住　所	〒 TEL　　（　　　）		
メールアドレス			
職業または 学校名			

ご記入いただいた個人情報につきましては、アンケート集計、事務連絡や弊社サービスに関するお知らせに利用させていただきます。法令に基づく場合を除き、ご本人の同意を得ることなく他に利用または提供することはありません。個人情報の開示・訂正・削除等についてはお客様相談窓口までお問い合わせください。以上にご同意の上、ご送付ください。
<お客様相談窓口>経営企画本部 TEL03-3237-3731
株式会社プレジデント社　個人情報保護管理者　経営企画本部長

当時、リーズナブルな価格の牛肉を調達するには冷凍技術を使うしかなかった。

大阪万博で発達したのはサプライチェーンのマネジメントだ。サプライチェーンとは原料の調達から製品の製造、製品が消費者に届くまでの物流システムを言う。それを日本に持ち込んだのがファミリーレストランのロイヤル（現・ロイヤルＨＤ）だった。

ロイヤルは大阪万博でもっとも人気だったアメリカ館の食堂を請け負っていた。創業者の江頭匡一が「やらせてほしい」と手を挙げたのである。

大阪万博には６４２１万人という膨大な数の入場者があったため、せっかく万博にやってきても、食べることができない食事難民が大勢発生する事態となった。ところが、アメリカ館だけはなぜか入場した全員が食事をとることができたのである。アメリカ発のサプライチェーン・システムを研究した江頭がシステムを上手に導入し、効率的な食堂運営をしたからだった。

江頭は食堂のキッチンでは下処理から調理までのすべてを行わなかった。ロイヤルの地元、福岡のセントラルキッチンである程度、仕込んだ食材を大阪に運んできて、キッチンでは仕上げだけをやったのである。それがサプライチェーンのマネジメントだ。

江頭はアメリカ館の仕事を請け負うと、サプライチェーンの起源までさかのぼって研究し、日本に移植するために自ら工夫したのだった。

実はサプライチェーン・マネジメントの発案者はアメリカ人ではない。まして、外食産業関係者でもなかった。ノルウェーの探検家ロアルド・アムンゼンが世界で初めてサプライチェーン・マネジメントの原型を考えたのである。アムンゼンは南極点に一番乗りするために、基地から極点までの往復3000キロの間に食料保管倉庫をいくつも設けた。南極点に到達するには荷物を最小限にしなくてはならない。食料はルートの途中に置き、随所で食料を解凍しながらエネルギー補給をして前へ進んだ。

1911年、アムンゼン隊は荷物を軽くして運動能力を高めることで極地に一番乗りすることができた。アムンゼンの成功を知ったアメリカ軍は軍事技術としてサプライチェーンを採り入れ、アメリカのフードチェーンは軍のマネジメントを真似した。江頭はそうした経緯を知ったうえで、大阪万博で日本版のサプライチェーン・マネジメントを編み出して成功させたのである。

日本における冷凍技術とサプライチェーンのマネジメントは1980年代にほぼ完成していた。その間、ファミリーレストラン、ファストフードが勃興し、発展する。

一方で、マグロの刺身を日本の隅々まで流通させる超低温の日本型コールドチェーンも始まっていた。加えて養殖技術が発達したことで、居酒屋や和食ファミリーレストランが年中、リーズナブルな価格で鮮魚の刺身を提供できるようになった。

サプライチェーン、超低温技術、養殖技術の整備は個人がさまざまな種類の刺身を出す店の経営に乗り出すことを可能にした。話がやや長くなったけれど、食べログのようなグルメサイトが人気を集めるようになったのは、チェーンではなく、個人店がさまざまな種類の新鮮な食材を簡単に、リーズナブルに仕入れることができるようになったからだ。インフラが整ったことで、個人が経営する飲食店の出店が始まったのだった。

昭和のある時期まで副業経営として飲食店を始める場合、喫茶店を選ぶ人が圧倒的に多かった。白身の高級魚やホタテの刺身を出すことができたのは資金と仕入れルートを持つ飲食店経営者だけだったからだ。ところが、上記インフラが完成した後、予算に限りがある小さな飲食店でも豊富な種類の鮮魚、魚介を安価に仕入れられるようになる。これが大きかった。

食べログのようなグルメサイトは、飲食のチェーン店よりも個人が経営する飲食店が載っていなくてはユーザーが集まらない。しかも、さまざまなジャンルの飲食店が存在していることが前提になる。チェーンレストランしか載っていないグルメサイトを見る人はいない。またすべて同じジャンルの料理店だったりしたら、グルメサイトの出番はない。

穐田が食べログを考えついたのはインフラが整い、個人が店を出し、そこに客がやってくる時期だったのである。

食べログ誕生は会食が増えたから

カカクコムはパソコンや周辺機器から始まり、家電製品などさまざまなジャンルへ扱いを広げていった。それは本のECから始まったアマゾンが扱い商品を増やしていったことと似ている。ただし、カカクコムはあくまで価格を比較するサイトだ。アマゾンや楽天といったEC事業者とは正面切って競合するわけではない。カカクコムの収益の基本は登録料だ。販売店がサイトに情報を載せるためには審査があり、それを通れば登録できる。併せて前述のようにアフィリエイトと呼ばれる成果報酬と広告収入がある。

ユーザーが増えるとともに、穐田はサイトに出店する販売店、EC事業者、そして、広告クライアント等との打ち合わせが増え、毎日のように会食するようになった。月曜日から金曜日まででは足りず、土日も含めて、取引先や関係者と食事することになったのである。

相手が店を決めることもあったが、穐田から誘うことの方が多かった。そうなると、会食の場所を設定しなくてはならない。

その頃、会食の店を探すとすれば口コミか雑誌に頼るしかなかった。彼が参考にしていたのは光文社が出していた男性雑誌の『BRIO』をはじめとして『dancyu』など月に5~6冊の情報誌だった。すでにグルメサイトはいくつかあったが、少し不便だと感じていた。そうしたサイトは皆、店舗から掲載料をもらい、店舗側に寄り添うサービスだったから、どの店も「おいしい」と記載されていた。ユーザーからすれば選ぶことができない……。

穐田が食事する相手は仕事相手だ。おいしいだけでは困る。個室がある店なのか、店の主人の人柄はどうなのか、サービスはいいのか……。店側が出す情報ではなく、使った側の視点が情報に含まれていなくては判断できなかった。

その点、『ＢＲＩＯ』には店の主人のプロフィール、サービスの質まで書いてあった。

「この店は前菜のカプレーゼはうまいけど、パスタとメインはそれほどでもないから、前菜と白ワインを飲んだら、次の店へ行くべき」「ここは料理よりも主人の話が面白い。主人がずーっとくだらない話をしている。退屈な相手との接待には最高だ」

「ここは『個室あり』というので、行ってみたけれど、狭すぎてオヤジ４人で食事しているうちにストレスがたまった。料理はおいしいけれど、会食には使えない。ただし、デートにはいい。狭い個室を有効活用すること」

仕事相手との接待に使う店選びには味のよさは当然としても、ユーザー視点の情報が必要なのである。

そこで、穐田は部下たちに言った。

「ユーザー視点のグルメサイトを自分たちでつくろう」

ただ、担当する人材がいなかった。カカクコムはサイトに載せる商品を増やしていたから、社内に人は余っていない。グルメサイトを発足させるなら、専任者を採用しなくてはならなかった。それに、穐田はユーザー目線のグルメサイトだけで立ち止まるつもりはなかった。事業の延長として、旅行、不動産、自動車、冠婚葬祭といったさまざまなサービスのサイトを増やしていくことを計画していた。

まず、新規事業のために何人か採用した。コンサルタント会社、リクルート、投資会社にいた人間たちである。なかのひとりが今も食べログを率いる村上敦浩だ。慶應義塾大学経済学部を卒業し、アンダーセンコンサルティング（現・アクセンチュア）に就職。輝かしい経歴だけれど、穐田が注目したのは「アメリカでＤＪをやっていました」と履歴書に書いてあったこと。チャーミングな経歴だったから、村上に言った。

「うちに入社して、新規事業をやってみない？　いくつか候補があるから」

村上はしばらく考えて答えた。

「食べるのが好きだからグルメサイトをやります」

穐田はサイトのアイデアや方向性を村上に話し、あとは村上が具体的にしていった。

当初、ゼロからサイトを立ち上げる気はなく、グルメサイト「ａｓｋＵ 東京レストランガイド」（１９９６年から）を買収して成長させる予定だった。「ａｓｋＵ 東京レストランガイド」は知る人ぞ知る口コミのグルメサイトだったのだが、事業化されていたわけではなく、コミュニティのままだった。

稙田はカカクコムを収益性の高いサイトに育てた経験から、「ａｓｋＵ 東京レストランガイド」を改組して、広告を集め、有料会員を設定すれば、堅実な収益を確保できる事業になると考えた。

彼は「東京レストランガイド」を運営する会社の社長と交渉し、いったんは合意した。社長が提示した価格で買うと決めた。ところが、代表者である社長と合意したにもかかわらず、「白紙に戻したい」と言ってきたのである。事情を聞いてみると、株主から「カカクコムじゃなくて、他の会社にもっと高く売れ。入札にしろ」と言われたという。

「合意したじゃないか」と非難し、訴訟に持ち込むこともできたが、そこまでのことをするほど魅力のあるサイトかといえば、そうでもない。また、約束を守らない会社と関わりを持ちたくなかった。

そこで、買収に使う予定だった資金を村上にまかせて、自力でシステムを開発することにした。

客が欲しいものだけを考える

村上ははっきりとしたコンセプトを持っていた。

「実際に店を訪れた人の口コミだけでなく、お店の写真や料理の写真も複数枚、投稿できるようにする」

「食を愛する人がつづるブログの集合体のようなサイトを目指す」

２００５年に食べログをスタートさせた直後、村上と穐田は小山薫堂といったインフルエンサーに頼み込み、雑誌連載のグルメ記事を転載させてもらった。そのうちに有力なブロガー、インフルエンサーが口コミ情報を投稿するようになり、翌年には月間利用者が１００万人を超え、２０１０年には１５００万人を超えるまでに成長した。村上のコンセプトがユーザーに理解されたのである。そして、一般ユーザーだけでなく、フードライターになりたい人がそこに長文レビューを投稿する場にもなった。「見て利用する」人だけでなく、メディアとして自分の意見を広めるサイトになった。

それもあって食べログは堅調だ。

コロナ禍の最中に発表されたデジタルコンテンツ視聴率レポート（ニールセン デジタル2022年6~7月）によれば飲食店予約サービスの上位3社、「食べログ」「ぐるなび」「ホットペッパーグルメ」の利用者数はそれぞれ次の通りとなっている。

「食べログ」が1850万人。

「ホットペッパーグルメ」が811万人。

「ぐるなび」は736万人。

結果は一目瞭然だ。

また、ぐるなびは退潮傾向にあるが、それでも利用者はまだ736万人もいる。一方、かつて隆盛を極めたグルメ雑誌は老舗の『dancyu』を除けばほぼなくなってしまった。

グルメ情報はウェブで閲覧するのが当たり前になり、そもそも紙の雑誌を手に取ったことがない人の方が多くなっている。

穐田は食べログが成長した理由は「運と気合」だと総括している。

運とは正しい時代にサービスを開始したことだろう。そして、気合とは「負けてたまるか」というガッツであり、カカクコムの憲法のようなものだ。

なお、「東京レストランガイド」は大手資本が買収した。カカクコムが提示した価格よりも高かったという。しかし、結局は2012年にサイトを閉鎖してしまう。カカクコムは「東京レストランガイド」を買収しなくてよかった。

カカクコム、食べログは大資本、社員が高学歴だからといって成功したわけではない。大資本、中央集権組織は最新の経営理論で目標を実現させようとする。自分たちの自己実現が経営だと思い込んでいるところがある。

穐田は会社経営を自己実現とは思っていない。ユーザーの不便をなくすこと。ユーザーが「これがあればいいな」と思っているものを提供することが経営だと信じている。客が欲しいものは何かだけを考えているから、カカクコム、食べログを成功させることができた。

後の話になるが、食べログは穐田が離れた後、ふたつの大きな問題を背負い続けている。

ひとつはレビューのなかに「やらせ」が存在していること。レビューや口コミのサポート業者が飲食店の点数を高くするような行為を行っていることだ。

2019年にある飲食店がX（当時はTwitter）に「食べログの評価3・8以上は年会費を払わなければ3・6に下げられる」という疑惑があると投稿した。複数の同業者から「うちもそんな経験をした」と訴えがあった。これに対して食べログを運営するカカクコムは「食べログとの何らかのお取引によって、お店の点数やランキングが変動するということは一切ない」と疑惑を否定した。

2022年には食べログが2019年5月21日に行った「チェーン店の評点を下方修正するような（アルゴリズムの）変更」が独占禁止法に違反する「優越的地位の濫用にあたるか否か」が争われた第一審の判決が出た。

東京地方裁判所は「食べログ」のアルゴリズムについて、カカクコムが行った2019年の変更は独占禁止法違反であるとして、同社に3840万円の損害賠償の支払いを命じている。だが、裁判はまだ続いている。

07

空白時代に考えたこと

6年間の空白時代

食べログが軌道に乗った2006年、穐田はカカクコムの代表取締役を退任し、取締役相談役になった。仕事から離れ、37歳で相談役になり、空いた時間は慶應義塾大学大学院の法学研究科修士課程に通うことにした。

翌年にはレシピサイト、クックパッドの取締役に就任する。創業者で知人の佐野陽光から「時々、会社に来てアドバイスしてほしい」と頼まれたからだった。カカクコム、食べログを成功させた穐田はIT企業経営者として注目されるようになっていた。「穐田が役員に加わった」というだけで、その企業は成長するとみなされるような状況が生まれていたのである。彼自身はその状況を心地よいとは思っていなかった。期待されたり、「ＩＴの旗手」みたいな持ち上げ方をされたりするのはごめんだった。

マスコミに出ることは嫌だったし、にっこり笑った写真がメディアの表紙を飾るくらいなら、山のなかの温泉宿でマンガを読みながら、ゆっくりしている方が自分らしい。他人に喜んでもらうことは人生の目標だ。けれども、周囲の期待に応えて企業経営するつもりはみじんもなかった。

クックパッドに出資したのは年下の佐野が頑張っていたし、面白い人間だなと思ったからだ。それにサイトはユーザーのためになる。

出資した当時、佐野は慶應義塾大学を卒業して、「コイン」という名前の会社を立ち上げていた。

とはいっても社員は佐野と友人だけ。ふたりでレシピサイトを運営していたのだった。レシピサイトが大きくなるかどうかはわからなかった。それでも可能性を感じたのである。

２０１２年、クックパッドの代表執行役になるまで、穐田は佐野と話をし、アドバイスしただけだ。積極的に経営に関わったわけではない。

彼は37歳から６年間、まったくと言っていいほど仕事をしなかった。野球やゴルフをして身体を動かした。海外へも旅行した。

その6年間はＩＴ企業にとっては成長期だった。世の中に知られたＩＴ企業経営者で、仕事から離れて何もしなかったのは穐田とライブドア事件で捕まった堀江くらいだった。サイバーエージェントでもＤｅＮＡでもネット企業の経営者は疾走していた。どこまでも限りなく会社を大きくしようと懸命に働いていた時期だった。

しかし、穐田は他の経営者のことなど気にもせず、勉強とスポーツを楽しんだ。

だが、この時代、彼が動かなかったことは後々、生きてくる。6年間、彼は熟慮した。やりたいサービスを自問自答した。そもそもＩＴビジネスとは何なのか、ユーザーファーストを貫くためにやるべきことは何か。それを考え続けた。

ビジネスパーソンにとってもっとも貴重と言える時期を彼は使わなかった。

わたしは彼が人生で誇るべきことがあるとすれば、それはカカクコムや食べログ、クックパッドを成長させたことではないと思う。ＩＴ経営者が働けば働くほど儲かった時期に何もしなかったことこそ重要だ。

思うに、彼でなくとも人は絶好のチャンスの時期に何もしないと、その代わり精神的な充足感を得られるのではないか。お金を持っていたとはいえ、よほどの勇気がないと空白時代を持つ決断はできない。会社勤めをしていた人間が定年退職すると、金を持っていても不安になる。何もやらない決断ができる人間は決して多くはない。

空白時代を持った人間の元祖と言えるのが弘法大師、空海だ。空海は穐田よりも長く、13年間の空白時代を過ごしている。

作家、立花隆は著書『青春漂流』のあとがきに空海の若き日の空白時代について、こう記している。

「今（引用者注：1984年のこと）を去る千二百年前、空海は平戸の田浦港から遣唐使船に乗って中国に渡った。

ときに空海は三十一歳だった。

四国の讃岐出身の空海は、十八歳のときに京に出て大学に入った。大学というのは、貴族階級の子弟の教育機関で、古代のエリート教育機関である。

しかし空海は、せっかく大学に入ったのに、程なくしてドロップアウトしてしまう。そして私度僧（自分勝手に頭を丸めて坊主になること）となって、四国の山奥に入り、山岳修行者となる。

これ以後、三十一歳の年に遣唐使船に乗り込むまで、空海がどこで何をしていたかは明らかではない。『謎の空白時代』といわれる。山野を巡り、寺院を巡り、修行に修行を続けたと推定されるだけである。それがいかなる修行であったかは明らかでない。彼が遣唐使船に乗り込むに至った経緯もまた明らかではない。ただ一つはっきりしていることは、彼がその直前まで私度僧であったことである。空海は留学僧として遣唐使船に乗り込んだ。しかし、留学僧になれるのは、正式に出家した僧だけである。そこで空海は、遣唐使船に乗り込むほんの一か月ほど前に、慌てて東大寺で正式の出家を果たすのである。その記録が東大寺に残っている。

遣唐使船に乗り込んだ空海は一介の無名の留学僧にすぎなかった。彼に注目する者はだれもいなかった。

しかし、唐の地に入るや、空海はたちまち頭角を現す。十年あまりにわたる彼の修行時代の蓄積が一挙に吐き出されて、唐人から最高の知識人として遇されるに至るのである。密教の権威、恵果阿闍梨をして、門弟の中国人僧すべてを差し置いて、外国人たる空海に、密教のすべてを伝授しようと決意させるほど、空海に対する評価は高かった。

『謎の空白時代』に、彼がどこで何を修行していたかは明らかでない。しかし、その修行がもたらしたものは、歴史にはっきりと刻印されている。唐に滞在したわずか一年あまりの間に、空海は名もなき留学僧から、密教のすべてを伝えられた当代随一の高僧となる。それは、留学の成果というよりは、『謎の空白時代』の修行の成果が、留学を契機に花開いたものというべきであろう」（『青春漂流』講談社文庫　1988年）

稙田が空白時代に考え抜いたことの成果が表れたのがクックパッドだ。彼が経営者として最強になったのは空白時代を過ごしたからだとわたしは思っている。

日本のIT企業とは何か

稙田が慶應義塾大学の大学院で勉強したのは経済ではなく法律だった。勉強しながら、稙田はさまざまなジャンルのプロに会いに行き、話を聞いた。日本合同ファイナンスに入社した時から調査と研究が好きだったから、人に話を聞くのは趣味ともいえた。

聞いたことは空海の修行のようなものだ。これぞと思う人にアポイントを取り、主にＩＴや経営、起業家支援について聞いた。

ＩＴ革命とは何か。ＩＴの利点と自分の仕事をどうつなげていけばいいのか。ＩＴ企業とカテゴライズされている日本企業は実際には何で儲けているのか。そんなことを調べたのである。

ＩＴ革命の本質とは何かを考えた時、稲田は情報機器と通信のコストが劇的に安くなったことだと分析した。

カカクコムの社長を務めていた時代、パソコンの性能が上がっていくものの、価格はそれほど上がらなかったことを現場で体験した。また、当初、カカクコムは自社サーバーを買わなくてはならなかった。小さなベンチャー企業にとってはかなりの負担だったが、すぐにレンタルサーバーが出てきて、サーバーのコストは劇的に減った。

インターネットの通信方式も当初は電話回線だったが、それがＩＳＤＮ、ＡＤＳＬ、光ネットワークと変わっていくのを自身がサービスの提供者としても、ユーザーとしても体験した。そして、自らの体験からサービスをつくっていった。

経済学者の野口悠紀雄は著書のなかで、ＩＴ起業家の経験則をこうまとめている。

「ＩＴとは、情報・通信技術一般を指すのではなく、１９８０年代以降に支配的となった情報・通信技術を指す。具体的には、それまで大型コンピュータで行なっていた情報処理を、80年代以降はPC（パソコン）で行なうようになったこと、そして、通信において、90年代からインターネットを活用するようになったことだ。（略）
経済的な観点から見た場合のITの特徴は、情報処理コストと通信コストが劇的に低下したことだ。
『ムーアの法則』と呼ばれるものが、これを考える際の手がかりになる。これは、もともとは、『集積回路上のトランジスタ数は、18ヵ月で倍増する』というものだが、それが拡大解釈され、『ITでは、18ヵ月でコストが半減する』という経験則として言われるようになった。もしこのとおりになるとすれば、コストは、20年経てば1000分の1に低下し、40年経てば100万分の1に低下する。（略）
コンピュータや通信のコストに限っていえば、実際にこの程度低下した。（略）
通信コストの低下も、劇的だ。この変化は、従来の電話型通信が回線を占用する方式であったのに対して、インターネットでは『パケット通信』と呼ばれる方式で回線を効率的に使用することによって生じたものである。その通信コストは、限界的にはほとんどゼロであり、すでに従来の通信手段の大部分を代替している」（野口悠紀雄

『変わった世界　変わらない日本』講談社現代新書　２０１４年）

補足すれば、パソコンの能力は今も上がっている。だが、価格は横ばいだ。能力が上がっているのはパソコンよりも通信の方かもしれない。しかも通信のコストは下がっている。

日本の通信線は電線から光ファイバーに変わり、世帯カバー率は99・１パーセント（２０２０年）。通信速度は速くなり、遅延も減っている。それを考えると今も続くＩＴ革命の本質はパソコンの能力アップよりも実は通信の進化にある。

つきつめれば、パケット通信の実用化だった。

かつて音声通話はひとつの回線を独占して行われていた。エンドエンドで線を占有していたのでデータが流れていてもいなくても他の人は使えなかった。ところが、パケット通信の場合、さまざまな宛先のデータ（パケット）が同じ線の中に共存できる。回線使用効率が高まるので、その分コストは安くなる。

定量的な削減効果は一律ではないため、計算は簡単ではないが、ひとつの線を１０００人で共有するのであればコストは１０００分の１になる。

穐田をはじめとするＩＴ起業家はパソコン、モバイルの能力向上と通信の劇的なコスト低下を自社の企業競争力にしていた。ただ、その使い方が人によって異なっていた。ＩＴ起業家の一部はコストの低下だけを武器にした。

たとえばネット証券だ。ネット証券は店舗を持たないこと、通信コストの低下を利用して金融商品の扱い手数料を安くした。そうして、マーケットに存在感を示した。ネットの広告代理店もそうだ。ネットの広告代理店はウェブメディアの広告を扱った。パソコン、モバイルの普及、通信コストの低下で登場したウェブメディアに広告を入れて、扱い手数料を稼ぐビジネスだ。人が営業して広告を集める従来の広告代理店よりも少ないコストで運営ができる。

インターネットモールはカタログ通販をウェブサイト上に転換したビジネスだ。これも通信コストの低下を活用した。

一方、穐田はパソコン、モバイルの普及、通信コストの低下というメリットだけでなく、インターネットが大勢のユーザーの声、視点を一度に集めることができることに目を付けた。つまり、瞬時にユーザーの評価を集めることだ。これは紙の雑誌ではやれないこともなかったが、ユーザー評価を集めるには人が電話をかけるか、ユーザーから葉書を送ってもらうしかない。そして、集めたユーザー情報を載せるために雑誌を刊行し、書店で売らなくてはならない。そんなことをしている間に情報の鮮度はなくなるし、第一、コストがかかりすぎて現実にはできない。

稙田がやったビジネス、今もやっているビジネスはインターネットがなければ現実化できないサービスだった。

IT企業は何で儲けているのか

2006年から数年間、稙田がインターネットを使ったサービスについて考えを深めていた頃、他のIT企業は成長していた。

ただし、「もっとも才能がある人」堀江貴文だけはライブドア事件で収監されてしまい、ライブドアは表舞台から消えていった。

楽天はECモール事業で成長し、銀行、証券などのフィンテック事業に進出。野球球団、Jリーグのチームも持つ。携帯キャリアに進出するのは後のことだ。ゲーム事業の子会社も持っている。

ＧＭＯはインターネットインフラ業と銘打って、さまざまな事業を展開している。ゲーム事業もやっているけれど、利益の柱は決済ビジネスだ。

サイバーエージェントはネット広告代理店としてスタートしたが、ブログ事業を開始し、投資事業、出版、ネットテレビなどを合わせた複合企業になろうとしていた。だが、稼ぎ頭はゲーム事業だ。

ＤｅＮＡは元々はオークションサイトのビッダーズを運営していた。世間的には横浜ベイスターズの親会社だ。だが、実際に稼いでいるのはモバゲーというゲーム事業である。

どの企業も基盤は情報通信コストが安くなったことを活用している。楽天、ＧＭＯ、サイバーエージェント、ＤｅＮＡのように業態を変え、増殖しているところは成長している。ゲームに注力しているサイバーエージェント、ＤｅＮＡは大きな利益を上げている。ただし、ヒット作が出ればいいが、出せなければたちまち行き詰まる。

一方で、ＩＴを活用してきたにもかかわらず、立ち止まっている会社もある。ネット証券がそうだ。ネット証券は前述のように株式売買の手数料を劇的に下げたから成長した。営業パーソンの人件費をなくし、支店の運営費を払わなくていいから、手数料を下げることができた。ユーザーはネット証券を支持した。さまざまな金融商品や暗号資産を扱うようになった。だが、それ以上の変化はまだ見えていない。金融商品を買うユーザーの声を集めて、商品設計をしたわけではない。

穐田がやっているユーザーファーストのサービス開発とは少し違う。

忘れてはいけないこと

穐田が空白時代にその骨格をつくり、自らそれに従おうとしているルールがある。

1番目は、ユーザーの声をサービスにつなげる。

彼の大原則だ。たとえば新聞の電子版、オンラインマガジン、動画メディアにはプロが取材、制作した加工情報が載っている。

だが、穐田は加工情報よりもユーザーの声を直接、集めてきてサービスにつなげる。口コミサイトと呼ばれるジャンルだ。そうしてユーザーの低いつぶやきを集めて、販売側とユーザーの情報格差をなくしていこうとしている。

2番目はユーザーのコミュニティを育てること。たとえば、紙の新聞、雑誌は販売部数を謳う。100万部、200万部と主張する。そうして、ユーザーを「弊紙の読者だ」と規定して、コントロールできる相手のように思っている。

しかし、新聞を購読している個人は新聞社のファンではない。読者ではなくユーザーだ。「自分は新聞を支持しているのではなく、価格に応じた情報だから買っている」だけだ。ユーザーはそれぞれ独立した立場だから、新聞には読者の自発的コミュニティは存在しない。

一方、カカクコム、食べログ、クックパッドのユーザーは自分たちのことを同じ目的を持つ同志と思っている。しかも、タダで情報を得ている（有料購読者は別）。得だと思っている。そのため、自発的なコミュニティができる。

これからのメディアの価値は自発的なコミュニティが自然に生まれるかどうかにある。

穐田はその価値がわかっているから、コミュニティをリスペクトし、彼らの信頼を裏切らないような経営をする。カカクコムがサイバー攻撃にあってサイトを閉鎖し、復活した時、抽選ではあるがすべてのユーザーに向けてプレゼントしたのは、ユーザーコミュニティに感謝しているからだ。

3番目はIT企業の経営者としては奇特な決断だ。彼は「ゲームはやらない」と決めた。子どもたちの貴重な時間とお金を奪うゲームビジネスはやらない。大人がパチンコや競馬やカジノへ行くようにゲームをするのはかまわない。しかし、子ども向けに依存性の高いゲームビジネスをやる気はない。

4番目は、商品設計では完璧を目指すのではなく、無限を追求する。

穐田がユーザーに提供している情報は生の情報だ。たとえばパソコンの値段でも「その時点におけるいちばん安い値段」であって、翌日になったら、さらに安いものが出てくることもある。

また、レシピでも、クックパッドにはひとつの完璧なレシピが掲載されているわけではない。餃子のレシピでもキャベツが入ったものもあれば、白菜が入ったそれもある。いくつものレシピが載っている。これが新聞に載せるレシピだったら、ある一日に載る餃子のレシピはたったひとつだ。

インターネットメディアが得意とするのは完璧な情報をひとつ載せることではなく、限りなく多くの情報を掲載することだ。そして、ユーザーもまた、ひとつの完璧な情報を求めているわけではない。完全な答えよりも、無限に情報を集めて送り届けるシステムがあるかどうかがインターネットビジネスには必要だ。

5番目は組織づくりだ。組織は大きくしない。小回りの利く組織をいくつもつくる。インターネットビジネスでは中央集権型組織ではなく、分散型の生態系にして、そして、全体の意思は社長ではなく、ユーザーが決定する。

彼の経営はユーザーのためにある。人に喜んでもらいたい、人が喜ぶようなことをできない自分は不甲斐ないと痛切に思っている。浪江のばあちゃんが孫に喜んでもらいたいがために筋子を買ったように、彼はユーザーの生活の不便をなくすサービスを提供したいと思っている。

空白の時代にまとめた考えとはそういうものだった。

しかし、彼はユーザーファーストを大声で連呼したり、会社の標語にはしていない。部下を呼びつけて訓示することもない。飲み会の席で、何かのついでに相手に届くように低いつぶやきで伝えることはある。大事なことはシャウトしても伝わらないとわかっているからだ。大切な言葉は壁に貼り出すものではない。一人ひとりが心のなかで感じて、理解するものだと彼は思っている。

「客の声を聞いて、客の立場になって、客が得をするサービスを設計する」

「サービスを提供している時、客がわからない言葉でサービスを説明しない」

経営者や従業員だけが知るテクニカルタームでユーザーに説明をするなとも彼は伝える。

たとえば業界では価格.ｃｏｍ、食べログのような口コミサイトを当たり前のようにＣＧＭ（コンシューマージェネレイテッドメディア）と呼ぶ。だが、穐田は社員が外に対して、「当社のＣＧＭは……」と言うことは許さない。ユーザーファーストの徹底とはそういうことだ。

「社員自らが使わないようなサービスは世に出さない」

カカクコムを立ち上げた頃、家電量販店へ行くと、大量に仕入れてしまった商品を売り場の従業員が客に勧めていたシーンを何度も見た。客が欲しい商品ではなく、会社の都合で仕入れた商品を推奨販売していたのである。これは家電量販店でなくとも、よく見る風景だ。彼はそれはやらない。自社のサービスを無理やり相手に勧めることはない。

08

クックパッド

エンジェル投資家

穐田がクックパッドの創業者、佐野陽光を知ったのは同社がコインからクックパッドに名称が変わる前だった。穐田がアイシーピーを始めた直後に重なる。当時、ユーザーが料理レシピを投稿するサイトは珍しかった。

その頃のレシピサイトといえば食品会社、調味料の会社がホームページに載せていたか、もしくは料理研究家や有名シェフといった調理の専門家が自分の作品として出した作品的なそれだったのである。

一方、佐野が運営していたクックパッドはユーザーが自分で作った料理を投稿するサイトだ。ユーザーのレシピは専門家のそれとは違い、手間がかからず、材料費も高価ではない。専門家のレシピは誕生日やクリスマスには使えるけれど、給料日前のお金がない日の献立には向かない。穐田はクックパッドのサイトがユーザーファーストだったため、興味を持って、会いに行ったのである。そして、佐野と会った何年か後、エンジェル投資家として出資を決めた。その後も折に触れ、さまざまな助言をしていたが、カカクコムの代表を退任した後の2007年には同社の社外取締役になり、経営の手伝いをするようになった。

2009年、クックパッドは東証マザーズに上場した。穐田は大株主兼社外取締役として上場について協力していた。カカクコムで経験したことを伝え、株式公開を引き受けた証券会社とも交渉したのである。上場後、クックパッドのユーザー数は増え、利益もついてきたが、その後は想定したほどの業績にはならなかった。広告もユーザー数に合わせて入ってくるそれは増えていた。だが、広告を増やしすぎるとユーザーの利便性が下がるというジレンマもあった。

クックパッドはマザーズから東証一部への指定替えを狙っていたから、成長を続けなくてはならなかったが、対して、打つ手がいくつもあったとは言えない状態だったのである。

稙田は社外役員の立場から広告事業担当取締役となり自ら仕事をした。

やったことはふたつ。企画広告の強化、および食品関連以外のクライアントを獲得することだ。

企画広告は自ら考え、部下と一緒に食品会社、調味料会社を訪問、プレゼンもやった。

面会してからすぐに企画の説明に入ったが、その前にクックパッドというメディアとそのユーザーについて丁寧に伝えることにした。

たとえば……。

「お酢を使ったレシピのコンテストをサイトでやります。ユーザーがお酢で作ったレシピを載せ、読んだ人が『いいね』をつける。レシピの出品をするのも審査するのもユーザーです。ユーザーにとってはお酢の使い方が無限に増えます。……ついては協賛していただけないでしょうか」

こうした企画は新聞、雑誌、テレビといった一方通行のメディアでは実現できないことをちゃんと伝えたのである。そして、お酢で成功したら、次は醤油会社に出かけていった。その次は味噌会社だ。マヨネーズでも、ケチャップでも提案先には事欠かなかった。

読者についての分析も付け加えた。

「新聞、テレビ、雑誌……、料理のレシピを載せているメディアはいくつもあります。しかし、どれも料理をする人だけが見るメディアではありません。クックパッドは料理をする人のためのメディアです。『どんな料理を作ろうか』と考える人が見るのです。当然、載っている料理に使う調味料を買いに行く人たちが見ています」

テレビの料理番組や新聞、雑誌の料理レシピを見る人はいる。ただし、見る人たちのほとんどは眺めるだけだ。料理を作ろうとして見る人は少数しかいない。対して、クックパッドのサイトを訪れる人の大半は今まさに「何を作って食べようか」と考えている人たちなのである。

料理関連以外のクライアントにも営業した。

「クックパッドを見る人は料理を作る人だけではありません。多くの女性が見るメディアです。御社の女性向け商品の宣伝媒体としてはぴったりです」

女性向け商品を出しているメーカー、そして、スタートアップ企業に営業していった。広告担当に就任してから半年間でクックパッドの広告売り上げは約１・５倍に伸びた。成長に拍車がかかったと言っていい。

めんつゆを売った男

この後、クックパッドは月間利用者数が６０００万人を超えるサイトに育ち、レシピ本の発行部数も年間で２００万部を超えた。

当然のように、広告営業を行ったクライアントの商品は売れるようになった。売れた食品、調味料は数多いが、筆頭はめんつゆだろう。めんつゆはその名の通り、そば、うどん、そうめん、冷や麦のつゆとしてだけ使うものだった。本来、めんつゆは昆布や鰹節でだしを取って、家庭で作るものだ。だが、手間を惜しむ人たちのことを考えて、１９５２年に中京地方のメーカーが開発したが、63年にヒゲタ醤油は大量市販品として売り出した。それが、めんつゆの第1号とされている。

レシピサイトが登場する以前から、めんつゆは家庭で使われていたのだが、調理面で存在感が増したのはクックパッドが興隆してから後だろう。

日刊経済通信社の調査によれば、しょうゆを原料とするめんつゆ類の生産量は1982年の4・9万キロリットルが2007年には20・6万キロリットルと4・2倍に伸びており、販売金額は942億円に達している。クックパッドが広がる以前から消費がじりじりと増えていたと思われるが、確実に使うシーンは拡大している。

めんつゆが注目されるようになったのは素人が使う万能調味料だったからだ。

クックパッドに載るレシピとはプロの料理人のそれではない。家庭で料理を作る人たちが手間を惜しむためのレシピだ。プロは「調味料はめんつゆで」とは言いにくいが、素人は躊躇せずに「めんつゆを使います」と断言できる。素人はめんつゆで、豚肉と厚揚げを炒めたり、豆腐ときのこを煮込んだり、豚バラ大根を作ることを堂々と公開する。一方、プロの料理人は「調味料はめんつゆを大匙に一杯」とはレシピに書けなかった。そして、従来型メディアはめんつゆを使うような料理人を誌面に起用しなかったのである。

ちなみに、クックパッドでめんつゆレシピを検索すると18万種類もある。ケチャップのレシピ17万よりも多い。

いかに家庭の人たちがめんつゆで調味しているかがわかる。めんつゆを料理に使うという情報はクックパッドのおかげで全国に拡散し、家庭の人たちは手間をかけずに一品を作ることができるようになった。言い方を変えれば、そばやうどんのつゆという立場に甘んじていためんつゆをスーパー調味料にしたのはクックパッドだ。

誰も指摘していないけれど、彼の業績のなかでも、100年後も残るものとはめんつゆによる調理を一般的にしたことではないか。

クックパッド代表になる

2011年3月11日、東日本大震災が起こった。福島第一原子力発電所が事故を起こし、放射性物質によりあたり一帯が汚染した。帰宅困難地域になったのは名古屋市とほぼ同じ面積の337平方キロメートルになる。穐田が小学生の時、訪れていた「浪江のばあちゃん」の家もまた帰宅困難地域にある。

震災の後、佐野は「国内の経営を穐田さんにまかせて海外事業に専念したい」と言ってきた。

穐田は「副社長にまかせればいいんじゃない?」と答えた。そこで一度は副社長が社長業を引き継ごうとしたものの、うまくいかなかった。様子を見ていた穐田は「仕方ないな」と感じた。それで佐野に言った。

「5年間だけなら社長をやる。2017年に辞める」

ふたりはそんな取り決めをした。

同じ年の12月、クックパッドは東証一部に指定替えになった。ユーザー数は伸びる一方だったが、資金力を持つ楽天が投稿レシピのジャンルに参入してきた。

当時、社内は「いったい、どうなるだろう」と戦々恐々だった。楽天は資本力に物を言わせ、さまざまな媒体で「楽天レシピ」の宣伝を打ち、クックパッドを圧倒した。しかも、ユーザーは楽天レシピに投稿すると、楽天ポイントを50ポイントもらえることになっていた。クックパッドに投稿してもお金やポイントはもらえない。楽天レシピはスタートと同時に着々とユーザー数を伸ばしていった。

社長になる前で、まだ社外取締役だった穐田は動じなかった。カカクコム時代、アメリカの巨人、ディールタイムが参入してきたが、アキバオタクがMBAを持つ優秀な人間たちを撃破したことをちゃんと見ている。

勝負は情熱だ。クックパッドもまた楽天レシピに負けるはずがないと確信を持っていたのである。

理由はふたつあった。

ひとつはレシピのような実用サイトに来る人の大半は宣伝よりも口コミを重んじること。クックパッドを見にくる人の大半は友人知人からの口コミだった。サイトを使ったユーザーが「このレシピがいいよ」と伝えていって常連ユーザーが増えていく。テレビや雑誌のようなメディアに資金を投じて大宣伝を行っても、効率はよくない。

もうひとつは投稿に対するポイントの付与だ。穐田は「そんなことをやらなくていい」と感じていた。ポイント付与に対して何も策を講じる必要はない。

しかし、クックパッドの社内から、「投稿者に現金かポイントをあげたらいいんじゃないか」と提案があった。だが、彼は提案を聞いた後、自らの考えを伝えた。

「投稿にお金を払ったら、主婦の内職になる。クックパッドに投稿する人はお金が欲しいわけじゃない。料理をみんなに見てほしい。『私のレシピで作ってほしい』と投稿してくる。もし、ポイントやお金を払うようになったら、稼ぐために短時間でいくつも投稿してくる人間が出てくる。結果的にレシピの質は落ちていくし、サイト全体が殺伐とした雰囲気になってしまい、本来のユーザーが離れていく。だいたい、僕自身、お金目当ての人が投稿したレシピなんか見たくない」

穐田は淡々と理由を述べた。

結局、クックパッドではシステム構築上の負担もあり、ポイント付与の話は実現しなかった。穐田はユーザーを見ていた。レシピサイトに投稿してくる人たちは繊細な心を持っている。穐田は投稿しながらも、「私のレシピでほんとにおいしいものができるのだろうか」と疑いながら、勇気を持ってエンターキーを押す人たちなのである。

何よりも投稿レシピサイトをピュアなコミュニティに保ちたかった。レシピにお金を払うとそれが崩れる。

彼が提供するサービスの原則は生活の不便をなくすこと、ぼったくり業者を追放することだ。

そして、システムは受益者負担を原則とする。有料会員はあっていい。ただし、ユーザーからお金を取れるだけのサービスを付け加える。

また、クックパッドにおけるユーザーファーストとは、完璧なレシピをユーザーに届けることではない。無限に近い数のレシピのなかから、好みのそれを選んでもらうことだ。

優れたサービスとはひとつの答えを出すことではない。いくつもの答えを用意して、ユーザーに選んでもらう。システムは完璧を目指すが、サービスは無限にする。

4つの政策

震災の翌年、2012年、彼はクックパッドの社長執行役になった。スピードを重視する彼は4つの政策を決め、実行した。戦略を起案し同時に人事政策を進めた。アメリカ空軍が航空の優勢体制が確保されていない地域で行う戦術とその編成をストライクパッケージという。穐田は社長になってすぐさまストライクパッケージを固めた。

ひとつ目は100人ほどの社員全員と一対一で面接し、「何をやりたいのか」「どんなキャリアを身につけたいのか」を語り合ったことだ。かつて、カカクコムの5人のオタクたちと面接したように、社員たちが何を望んで仕事をしているかを理解しようとしたのだった。

次にやったことは人材に入社してもらったこと。この時に菅間淳、安田啓司、堀口育代、林展宏、三好宏昭といった財務、コミュニティ運営、広報、メディア、人事、ECのプロたちが参加している。

3番目は人事異動だ。それも大幅な人事異動である。管理部門から営業に異動させたり、コンテンツ開発から顧客担当になったり、エンジニアとデザイナーを除いては大半の人間が職場を変わった。全社員の3分の1が異動したのだった。

むろん「えー、私、営業なんて嫌だ」と言った人間もいた。だが、それはほんの少数で、ほぼ全員が異動を受け止めた。その理由は社員たちの潜在能力が高く、対応力があったことと、何といってもユーザーが増えていたからだ。稙田が社長になった2012年末の月次利用者数は約3000万人だったが、4年後の16年には6327万人になっている。成長している最中だったから、「人事異動は嫌だ、退社する」という人は出てこなかった。どんな部署であれ、違うキャリアが身につき給料が上がるのであれば「やりたくない。辞める」と面と向かって言ってくる人間はまずいない。

社員をシャッフルしたことはいくつかの効果をもたらした。

異動するとなれば、それまでの仕事を整理しなくてはならない。仕事の棚卸しだ。自分の仕事を点検して、それが必要なのかどうかを顧みることになる。そして、引き継ぐ際には改善しようと考える。仕事の効率化は進み、さらに後任に教えることでコミュニケーションが生まれ、活発になる。硬直化した仕事は改善され、社内の風通しがよくなった。それを考えると、大きな人事異動は会社が傾いた時にやるのではなく、成長している最中にやった方がいい。

4番目はサイトの運営方針を変えたこと。クックパッドは知らず知らずのうちにヘビーユーザー、投稿者を重んずる方向になっていた。投稿者はむろん大事だが、クックパッドを訪れるユーザーの大半は料理レシピを投稿するのではなく、レシピを見て、料理してみようとする人たち、あるいはレシピを眺めるだけの人たちだ。穐田は「ライトユーザーにも、おもてなししたい」と伝えた。テクニカルタームを使わず、入り口を広くして、レシピを眺めるだけの人たちにも役に立つようなサイトにすることにした。投稿者とは違う入り口を設けて、そこから入ってきた人たちにも満足してほしかったのである。

4つの政策はすぐに実行され、たちまち結果が出た。経営とはストライクパッケージをつくり、すぐに実行することである。

登用された男

新しく入ったうちのひとりが菅間淳だ。菅間は慶應義塾大学を出て山一證券に入り、リーマン・ブラザーズやドイツ証券を経て、クックパッドに2014年に入社している。

菅間はクックパッドに入社した時、給料が半分になった。それは外資系投資銀行の給料は飛びぬけて高かったからだ。ただ、クックパッド入社の際、ストックオプションはもらった。業績が上がれば自社株をある一定の額で買うことができる権利だ。この権利を行使する時は株価が上がった時だから、ストックオプションをもらっていると大きな収入になる。

ただし、業績がよくなければ株価は上がらないから権利を行使する意味はなくなる。

そして、業績が下降していたら、株価は下がっているからストックオプションの権利を行使したら損になる。その場合、権利を行使する人はいない。

証券会社の給料が半減しても、なぜ、菅間はクックパッドに入社したのか。

菅間は「穐田さんと働きたかった」と言う。

彼の話だ。

「穐田さんの秘書、内田陽子さんに紹介されて会ったのが初めてでした。穐田さんは『辛口で知られる内田さんが初めて人を褒めた。それが菅間さんだ』と言ってましたけれど、別に褒められるほど僕は優秀じゃないです。

大学は慶應ですけれど、学校に行かず、ずっと六本木で黒服のアルバイトをやってました。卒業してから証券会社に入ったのですけれど、証券会社って、いつでもどこでもどんな時でも金を儲けることだけを考えなきゃいけないんです。

メーカーでも小売りでも経営者は事業に対する強い想いがあります。そういう人たちに面会して、強い想いに感銘を受けて提案をして、証券会社に戻ってくると、『菅間君、結局のところ、いくら儲かるわけ？』と、さらっと言われて、それでおしまい。億単位の儲けが出ない提案書をつくったら、上司から『やるわけないだろ』と。

証券会社で僕がやっていたのはクライアントワーク、つまり、営業ですけれど、だんだん嫌になってくるんですよ……。

偉そうな言い方をするようですが、稼ぎ方に気持ちよさが感じられない。

穐田さんに会ったのはそんな時でした。クックパッドが伸びている最中でしたね。

はい、入社しますってその場で返事しました。

穐田さんは『おめでとう』って。

『菅間さん、やっと金融というダークサイドからまともな社会によみがえることができたね』って。

クックパッドで僕がやった仕事は財務と企業買収（M&A）です。

穐田さんが言ったことは『ユーザーのために何をするか』だけ。『ユーザーのために何かをする人』だけを集めて、ユーザーのために何かをさせたのが穐田さん。

それまで料理の業界では、『素人が考えたレシピなんておいしいはずがない』と言われてました。

でも、クックパッドには投稿者を支援するチームがあり、投稿前にレシピがきちんと成立するかどうかをチェックしてから掲載していました。それだけでなく、投稿者がやる気になるよう、さらにおいしい料理を投稿するようアシストしていました。みんなが投稿者の味方で、ユーザーの方を向いていました。

『この話し方は、この言葉はユーザーに伝わるのか』を考えて発信していたんです。テクニカルタームでメールを書くような人がいたら、穐田は『相手にわかる言葉で』と注意していました。

一体感のあるチームで、そのことも嬉しかった。毎日、仕事が終わると居酒屋へ行ってましたね。酒ばっかり飲んでいた。

そうしているうちにどんどんユーザーの数が増えていきました。穐田が代表を務めていた2016年の初めまでは楽天レシピはありましたが、レシピサイトとしては実質、ナンバーワンだったと思います。動画レシピサイトが出てきたのはあの時よりも後のことでした。それでもクックパッドはいずれ動画レシピが出てくることも考えていましたし、動画を活用することも考えていました。

ただ、穐田はレシピは動画もいいけれど、文字と写真の方がパッと見て料理ができるから、その利点はなくしちゃいけないなって言ってました」

人に関心を持ち続ける仕事

堀口育代もまた菅間と同じ時期、穐田が社長の時に入社した。今はくふうカンパニーの執行役をしている。彼女は大学を出て、リクルート、ぴあ、ベネッセコーポレーション執行役員になる。その後、ヤフーを経て、２０１４年にクックパッドの執行役になった。

彼女はこう言っている。

「穐田さんと最初に会った時の印象は黒い服を着て、ぼそぼそしゃべる人だなって。それはカカクコムの頃でしたね。私がベネッセで働いていた時でした。本当にスタンダードな常識人の方です。穐田さんご本人は『気配を消すのが上手』とおっしゃっているくらい、普通の人に感じます。常識を重視する人ですけれど、その分、はみ出す時は徹底的にはみ出す。

私がクックパッドに入った頃からクックパッドはレシピサイトからさまざまなジャンルへ展開を始めました。穐田さんや私たちはレシピサイト単体だとユーザーがいまひとつ広がらないから、生活のサービスを付け加えていこうという考え方でした。レシピの検索だけで終えずに、生活分野に幅を広げていこうというグループ戦略を始めるというところでした。

会社には一体感があって活気があって、幹部は誰でも社員に盛り上がってほしいと思って働いていました」

堀口は部下やクライアントに楽しんでもらいたいと思って働いた。堀口だけでなく菅間もそうだ。広報の河邊美穂子も同じ。全員がユーザーのことを考えて、自分なりのアイデアで個性的に仕事をしたのである。

穐田自身も部下に喜んでもらおうと思ってやったことがある。

毎日がフル回転だった頃、チーフ・テクノロジー・オフィサー（CTO）が突然、「辞めたい」と言ってきた。忙しくて何もやる時間がないというのが理由だった。

「そう。どうしても辞めるなら仕方ないが、辞めて、どうするの？　何かやりたいことはあるの？」

CTOは「ええ」と答えた。

「アイドルが好きなんです。できればアイドルと結婚したい」

ＣＴＯはいわゆるオタクである。アイドルが好きなオタクだった。身の回りは気にしない。話もあまり上手ではない。しかし、エンジニアリングに精通する天才だ。

「そう。アイドルと？　でも、今のままじゃ、アイドルとは結婚できないんじゃないか。とりあえず、アイドルと結婚できるよう、ＣＴＯとして頑張って仕事をしてキャリアや財産をつくる。それから身の回りとか服装を何とかする。そうすれば、たとえ結婚はできなくともアイドルが振り向いてくれる存在になるかもしれない」

稚田は写真家の蜷川実花に相談した。すると、「それ、面白い」と蜷川はＣＴＯを改造してくれたのである。

蜷川は一流スタイリストを手配し、渋谷のブティックを回って、上から下までコーディネートしてあげた。カリスマ美容師にも声をかけて、ＣＴＯの髪型をすっかり変えた。

ＣＴＯはがぜんやる気になって、仕事に没頭した。結局、アイドルとは結婚しなかったけれど、アイドル以上の人を見つけた。その後、クックパッドは辞めたけれど、稚田とは今も仕事をしている。

伸びていた頃のクックパッドの力は、社員みんなが同僚や取引先に関心を持ち続けて、ユーザーを向いて仕事をしていたことだ。

レシピや料理というモノを見て、サービスを考えたのではない。それを使う人を見て、もっと便利にしたいとサービスを開発した。困っている人の問題を解決することが彼らの仕事だった。そうしていると、必然的に料理以外の困りごとにも目が行ってしまう。他の生活分野へ進出し始めたのも企業の成長を目指したのではなく、ユーザーが困っていることを解決したいと思ったからだ。

穐田はつねにユーザーの生活を見ていた。創業者の佐野もユーザーを見る。その点は同じだった。だが佐野はレシピと料理にもっと集中したかった。だからこそ、クックパッドを始めた。後に起こる「お家騒動」の起点はここにある。

領域を広げる

2015年、クックパッドは時価総額3000億円を超える会社に成長していた。今、3000億円規模の時価総額の企業といえば、私鉄の富士急行、ケチャップのカゴメ、ＩＴ企業ではＧＭＯインターネットグループといったところだ（２０２３年７月）。料理の投稿レシピが載っているサイトの企業価値をグループで２７００名以上の従業員を擁している私鉄、富士急行と同じくらいにまで成長させたのは穐田だ。サイトの価値を鉄道、バス、タクシー、遊園地、ホテル、ゴルフ場、スキー場、キャンプ場を持つ富士急行とほぼ同価値にまで引き上げたのである。

実業家の堀江貴文はその頃の経営についてこう評している。

「穐田さんがやったのは当たり前のことを当たり前にやっただけです。でも、経営者といっても当たり前のことをできない人は実はたくさんいるんですよ。

会社って経営者で決まる。それも経営者が優秀だから伸びるというわけでもない。『あいつ、なんか感じいいな、何してるかよくわからないけど』みたいな社長のもとでものすごくよく働く社員が出てきたりする。まあ、穐田さんは特別ですよ。日本最強です」

クックパッドをつくったのは創業者の佐野だ。だが、さらに成長させ、新しい方向性を決めたのは穐田を含む経営陣だった。料理やレシピだけに特化するのでなく、生活分野までサービスを広げていく。生活分野で価値のある企業を買収して大きくしていく。

稲田はアメリカにいた佐野の了解のもとに、生活分野のサービス企業を次々と買収した。

最初に出資したのは2012年、閑歳孝子が始めた家計簿アプリのZaimだった。

閑歳は現在、くふうカンパニーの代表執行役だ。

閑歳は慶應義塾大学を出た後、出版社の日経BPで記者・編集業務を経験した後、IT企業のディレクターに転身。

稲田が代表になった後の2012年にZaimを法人化したが、その時にクックパッドが出資。今では1000万ダウンロードを超えるサービスになっている。

閑歳が覚えていること

閑歳の話だ。

「私(閑歳)が始めようと思った時にはすでに家計簿サービスはありました。でも、現代的とは言えないものでした。私が家計簿サービスをやろうと決めたのは思いついたアイデアのうちで唯一自分がユーザーとしてしっかりやったことがあったから。それにお金のサービスでしょう。誰もが利用する可能性があります。世の中にお金を使わない人はいないわけですから。

家計簿サービスはその人の人生がよくなるような影響を与えることができます。自分自身が飽きることなく、サービスに関わることができる。そう思って始めました。その頃はまだ、穐田さんとは会っていません。

始めた頃は『会社にしたい』とは正直思っていなかった。自分ひとりが生きていくくらいのお金を稼ぐことができればそれでいい。理想は世界中をふらふら旅しながら運営していければいい。スタートアップとして上場しようなんてまったく考えていませんでした。

とにかく会社に頼ることなく、自分で生きていきたいという気持ちからの起業です。ひとりで生きていけるようになりたいと思ったのは、小さい時から。自分の食い扶持を稼いで、何かあったら自分で判断できなくちゃいけない。それにはある程度は自分自身で稼がないといけない。

私は実家をすごく貧しい家だと思い込んでいました。実家は父が働いて母は専業主婦、子どもは3人。それなりに大変な時期が長かった。

小学生の時、うちの預金通帳を見たことがあって『えっ、大丈夫、この家？』と思った。家計が毎月マイナスで、ボーナスで何とかプラマイゼロにしていたんです。それがショックで、しかも姉と私の塾代が月に3万円だったから合計6万円。塾に行くのはやめよう。私立の高校なんて無理と思いました。大学は慶應だったのですが、奨学金をもらって通いました。在学中の4年間は利子はかからないけれど、出たら返さなきゃいけない。日経BPに入った時には奨学金で320万円くらいの借金があったから、返すために必死で働いていました。

でも、お金がないということを親が言ったことは一切なくて、私が自分で勝手に心配していただけなんです。

Zaimをつくってリリースして、1年ほどでユーザーさんが数十万人になりました。個人で運営するのは怖い。ユーザーさんの個人情報をたくさん持っている状態だったので個人ではなく法人に権利を移したい。そう思って、手続きをしている時、たまたま知り合い経由で稲田さんに会いました。当時、稲田さんはクックパッドの社長をされていたんです。

面識はなかったのですけれど、稲田さんが『ご飯でもどうか』って言っているとのこと。それで初めて会いました。

Zaimは珍しいタイプだったようで、さまざまなベンチャーキャピタルからお話をもらっていました。でも、穐田さんだけは異質でした。穐田さんが関心を示したのは、上場するかどうかじゃなくて、『どういう価値を提供したいのか』『ユーザーさんにどういうものをつくりたいと思っているのか』でした。そこに人間性を感じたので、この人だったら一緒にやっていけるんじゃないかと思ったんです。

その時、穐田さんはクックパッドの話をされていました。事業を見てるんじゃなくてユーザーを見ている、その先に事業があるという目線でした。この人は信用できると思いました。

Zaimは自分の母親がスマホを持った時にでも使えるようなサービスにしたいと思って始めたもの。お金の使い方は人生の幸せの大きな要素です。私自身はお金を貯めさせたいとか節約させたいではなく、お金の使い方が大事だと言いたかった。資産形成させたいとかそういうわけじゃないんです。

豊かな人生を送るためにはこういう可能性がある。こういうお金や時間の使い方をすれば自分や周りの人がハッピーな気持ちで新しい可能性を感じられる。お金はそのためにあると穐田さんに話しました。

最初は穐田さんのことを投資家と聞いていたので、怖い人なのかと思っていました。ただ、その後、雑誌で対談していたのを読んで、話していることに感心しました。『僕は成金なので、成金は成金らしく稼いだ分、社会貢献をしていく』

自身のことをはっきりと成金と言っていたし、そのうえで社会貢献をする、と。穐田さんにとって仕事は社会貢献なんですよ、きっと。実際に会った時に怖いとか思わなかったし、すごく正直な印象を受けました。

正直だし、きれいなことばかり言わない。絶対に嘘はついてないと私は思っています。あえて言わないことはもちろんあると思いますけど、思っていないことは口にはしない人。そのへんがすごく信用できる。

クックパッドから出資してもらった、ある日のことでした。私が『家庭に入るので会社を手放したいって言ったらどう思いますか』って聞いたことがありました。穐田さんは『それは閑歳さんの人生だからな』って即答。

普通、言わないと思うんです。出資して経営をまかせた人間が『辞めます』はあり得ないでしょう。でも、穐田さんは仕事や経営よりも、『あなたの人生、あなたの幸せがある』とちゃんと理解している。私は実際にそういうことをやるつもりはないけれど、あの時の答えは嬉しかった」

人を見て仕事を広げる

料理以外のサービス分野への出資は続いた。

2014年、クックパッドはファミリー向けデジタルコンテンツの会社、キッズスターに出資した。キッズスターは今では600万世帯が利用している知育アプリ「ごっこランド」を運営している。くふうカンパニーグループの1社だ。

2015年には、結婚式を挙げる人たちのサイトを運営する、みんなのウェディング（現・エニマリ）に出資した。

こうして2012年から16年にかけてクックパッドは快進撃といえる成長をしながら、生活分野へサービスを広げていった。それが企業目標だったからだ。

対象を料理というジャンルだけに絞ってしまったら、社員たちの想像力に規制をかけることになる。料理の種類を増やしたり、プロのレシピを紹介するようにしたりとサービスの幅を広げることはできるが、それは誰でも考えそうなことだ。誰でも考えそうなことを実現したからといって、それはビジネスにはならない。それよりも、家計簿、育児、結婚といった料理と関係する分野へサービスを広げていくことがクックパッドの成長につながると穐田は思った。

「人がモノやサービスを買う時、何を考えるか」

それが穐田の人生だ。24時間、年中無休で人の心と行動を洞察している。

部下や友人と居酒屋に行っても、彼は考える。客層、価格、メニュー。そして、客はこの店に満足しているのか。料理以外のサービスはいいのか悪いのか。

閑歳が「穐田さんの仕事は社会貢献」と言ったのは、サービスの提供者として生きている姿を毎日のように見ていたからだ。

09

フェルメールという買い物

買うのが好きで売るのは嫌い

日本の総合商社の株を大量に取得した世界屈指の投資家ウォーレン・バフェットは投資についての自らの哲学をこう語っている。

「農場を買収しようとする場合、毎日その値段ばかりを見る人はいません。買い値に対してどれくらいの生産高が見込めるのかというところを見るでしょう。株式投資もそれと同じです」

穐田の投資に対する考え方も同じだ。値上がりするだろうからという予測で投資するわけではない。対象が持っている価値に比べて評価されていないものを買う。加えて、いつになっても価値が変わらないもの、価値が上がっていくものに投資をする。

Ｚａｉｍ、キッズスター、みんなのウェディングに出資したのは価値が上がっていくと判断したからだ。その後も、チラシ情報サービスのトクバイを個人で買収し、さらに住宅、不動産サービスのオウチーノを買収している。

買収した会社は成長している。

むろん、それぞれの会社の社員たちが仕事をした結果だが、買収した当時の価値が割安だったこともある。彼の投資は一般の目に留まっていない価値のあるものを見つけるところから始まる。

そして、成長のアシストをする。あるいは直接、経営して価値を上げる。値段よりも潜在的な価値に注目している。

潜在的な価値に目を付けた典型的な買い物が《聖プラクセディス》だろう。オランダの画家、ヨハネス・フェルメールが描いた作品だ。フェルメールの作品は世界で37点とされている。アジアにあるのは稲田が所有しているこの1枚だけだ。

２０１４年当時、クリスティーズのオークションで落札した価格は10億８６００万円（加えて手数料15～29パーセントと税金）だった。真作かどうか、まだ評価が分かれていた頃だから、その値段で済んだ。

2023年、この作品はオランダのアムステルダムで行われた「フェルメール展」で真作として展観された。評価が定まったわけだ。すると、この絵画の値段は同じ画家の《真珠の耳飾りの少女》の推定150億円まではいかないだろうけれど、次に取引される場合は10億円では買えない。

会社に対する投資だけでなく、穐田は美術作品の買い物でも成功した。

彼が美術品を好きになったのはカカクコムの代表になった後、奈良美智の作品を300万円で買ったことがきっかけだった。本物を見て、買ってみたことからコレクションを始めた。それ以降も奈良作品を手に入れ、今では20点以上も持っている。他の作家の絵画や工芸品も所有している。しかし、彼は作品を展示していない。すべて美術倉庫に預けていて頼まれたら展示することもある。

さて、フェルメールという買い物について、である。

むろん、フェルメールのことは知っていた。希少な作品だから、海外出張で時間があれば作品を見に行っていた。IRで海外の投資家を訪ねた時はフェルメールのある美術館に足を運んだ。ニューヨークであればメトロポリタン美術館とフリックコレクションに行った。ワシントンではナショナル・ギャラリーへ見に行った。ロンドンではナショナル・ギャラリー、パリではルーヴル美術館。ロンドンからスコットランドのエディンバラに飛んで、スコットランド国立美術館へも行った。

穐田は自分が好きと感じた美術品は好きだ。しかし、情熱的な収集家ではない。この絵を見せたら、喜ぶ人は誰だろうと考えるところから始まる。フェルメールを買ったのは、日本、アジアには1枚もない作品だから、誰も買わないのであれば、自分が買うという気持ちだった。命よりもフェルメールが大事という収集マニアではなく、ここでもまたユーザー目線のコレクターだ。美術品に対しての愛情は持っている。しかし、フェルメールの作品に頬ずりしたり、「棺桶に入れてくれ」と親族に頼んだりするような人間ではない。フェルメール作品が好きな日本とアジアのファンのために、責任感で預かっている。

オークション

フェルメールが競売されると知ったのはオークション当日の10日ほど前のことだっ

た。新聞に「フェルメールがロンドンのオークションに出る」と記事が載ったので、その場で「行こう」と決めた。買えるとは思わなかった。あまりに高額であれば会場にいても、ビッド（入札）できない。世界中からコレクターや美術館が参戦してくるだろうから、落とせる自信はなかった。ただ、その場に行って目撃者になりたいというのが彼の気持ちだった。

付き合いのあったクリスティーズの日本支社に連絡し、「参加したいんです」と伝えた。すると、あっさり「いいですよ」と言われた。そこでチケットとホテルを取り、ひとりでロンドンへ出かけていった。1泊3日の弾丸ツアーである。会場に行ったら、ビッドナンバーは「55番」だった。55と書いてあったタグを渡され、席に案内された。オークションに参加すること自体は難しくない。クリスティーズが認めたら、誰でも参加できる。

そして、オークションでやることも単純そのものだ。壇上にいるオークショニアが「この値段で買いますか？」と問いかけたら、手元のタグを掲げて「イエス」を伝えればいい。何人かがタグを掲げたら、値段が上がっていく。欲しければずっとタグを掲げておけばいい。そして、最後にひとりだけ手を挙げている人間が落札者だ。

オークションが始まった。値段は淡々と上がっていく。ただし、参加者は多くなかった。

ほんの5分ほどの間、穐田は黙ってタグを掲げ続けた。そうしているうちに、ハンマーが鳴った。

オークショニアが告げた。

「ナンバー55」

周りに座っていた人たちは「落札したのは日本人だな」という視線を送ってきた。居心地はよくない。

フェルメールさえ終われば帰ろうと思い、席を立った。すると、クリスティーズの社員が近寄ってきて「取材の方が来てますよ」と告げた。

穐田は首を振った。

新聞に自分の笑顔とピースマークのポートレートが出ることは避けたかった。ひとこと「いいえ、このまま帰ります」とだけ言った。

社員は裏口へ案内してくれたので、そこから抜け出て、ホテルの部屋に戻り、置いてあったリュックだけ手に持ち、空港へ向かった。

機内で、彼は考えた。

「買っちゃった。さて、どうしよう。うちに置くわけにもいかないし」

どうやって10億円を払おうかという算段もした。そして、「せっかく買えたのだから、生きている間は絶対に売らない」と決めた。

やはりユーザーファーストだ。日本のどこかにフェルメールの絵を飾っておけば、誰か欲している人間が見にくる。インバウンドの観光客も見にくる。日本に金が落ちる。普通の美術コレクターが考えることとは違う。彼はフェルメールを日本経済の活性化に使おうと思った。

いわゆる美術コレクターの考えではない。

フェルメールの絵を見て、喜ぶ人がいる。その人たちを相手にしたビジネスが生まれて、経済が活性化することの方が面白い……。

ポップアートのひとり、アンディ・ウォーホルはかつて「最高のアートはビジネスアートだ」と言った。

アンディ・ウォーホルの言葉を体現したのが彼だ。

そんな彼はフェルメールを売らないだけではない。本来はカカクコムもクックパッドの株も売りたくなかった。カカクコムの株は約1000倍の価格になった。クックパッドの株もまた一時は1000倍になった。同じくらいに上がった。ただ、経営から離れたので、すべて売り払って、他の会社の株を買う資金に回した。それでも彼は一度、持ったものを売るのは嫌いだ。

現金よりも土地よりも宝石よりも、成長を続ける価値を持っていたい。成長を続ける価値が好きだ。

それもあって投資した会社の株もフェルメールもこれからは手放すつもりはない。

お家騒動の前夜

2014年、フェルメールを買った。クックパッドの成長を指揮していたさなかだ。その頃、彼は部下にこう言っていた。

「ユーザーファーストで考える。ユーザーファーストでサービスをつくる」

クックパッドはユーザーファーストを徹底することで、投稿者とユーザーを増やしたのである。それまで料理レシピは専門家が発表するものだった。ユーザーは専門家が寄稿した雑誌や単行本を買うしかない。もちろんテレビの料理番組では無料でレシピを知ることができる。しかし、テレビに映るレシピや調理手順は番組を録画したり、メモしたりする手間がかかる。そもそもキッチンにテレビを運んでいくわけにはいかない。

クックパッドは普通の主婦が発表したレシピを誰に対しても原則として無料で提供する。スマホで見るからキッチンにあるまな板の横に置いておくこともできる。インターネットの利点、スマホの手軽さをよく知っている人間がつくったサービスだ。今まさに料理を作ろうとしている人、「今日は何を作ろうかな」と通勤電車のなかで考えているユーザーが置かれた環境を考えて開発、改善したサービスだ。ユーザーファーストとはユーザーがいる場所に自分自身を持って行って考えることだ。

穐田が社長になった後、クックパッドは家計簿アプリＺａｉｍ、理想の結婚式づくりをサポートするサイト、みんなのウェディングなどに出資した。いずれもクックパッドと親和性があると思われるサービスであり、また、インターネットの利点とスマホの手軽さで成立するそれだ。穐田はユーザーの便利さのためにこうしたサービスに会社として投資することにした。

彼はどこまでも可能性が続くと思われる事業を見つけて、それを伸ばすためのプランをつくり、実行した。可能性を見つけることが投資であり、それを伸ばすのが経営だった。クックパッド時代は彼の経営がもっとも評価された時代だ。だが、本人はすでに決めていたことを迷いなく事務的に進めていただけだったのである。

だが、この後、彼が社長として務める予定の最後の年にお家騒動が起こった。

10

争いの末に

料理とレシピの会社に戻したい

2016年、穐田が社長になって4年が経った。クックパッドの月次利用者数は7000万人に迫っていた。日本一のレシピサイトになった。彼が経営している限り、それ以上の数字を目指すこともまた夢ではなかった。だが、当初から「社長をやるのは5年間」と明確に決めていたし、そのことを創業者の佐野にも伝えていた。穐田は自分の仕事はクックパッドを伸ばすこと、そして、次にクックパッドのユーザーにとって便利な生活関連事業へ投資をし、進出することだった。どちらの仕事も十分に成果を収めていた。

一方、創業者の佐野は海外のレシピサービス会社を買収し、海外事業に専念していたが、そちらはうまくいっていなかった。

思うに、海外と日本ではレシピに対しての必要度が違っていたからではないか。

日本人は毎日のように生鮮食品を買いに行き、毎晩、調理して食べることを当たり前と考える。だが、ヨーロッパでもアジアでも、毎日の調理を習慣として実行している人はそれほど多いわけではない。

「クラッカーもしくはパン、ハム、ソーセージ、ニンジンとチーズ」

北欧やオランダに行くと、あっさりしたメニューの晩餐に招かれることがある。日本人は「なんだ。これが夕食か」とちょっと不機嫌になってしまうけれど、彼らにとってみればそれは習慣だ。

世界の人は毎日のようにスーパーや青果店、鮮魚店、精肉店でせっせと買い物しているわけではない。

中国、台湾、シンガポール、タイ、ベトナムではパックされた、もしくはビニール袋に入れた総菜を買ってきて、夕食にする人が多い。こうしてみると、台所仕事が大好きなのは日本人と韓国人くらいかもしれない。

日本でクックパッドのようなレシピサイトの利用者が多いのは食習慣から来ている

ところがある。

そういった事情からか、佐野が管掌していた海外事業はなかなか黒字にならなかった。

一方で、穐田が進めていた生活関連サービスのユーザーは増えていた。それは家計簿サービスのＺａｉｍなどはクックパッドと親和性があったからだ。ユーザーはクックパッドを見て料理を作る。食事が終わったらＺａｉｍで家計簿をつける。

みんなのウェディングにせよ、「子どもの夢中を育てて応援する」サービス、ごっこランドにせよ、クックパッドのユーザーとどこか重なり合うところがあったから、ユーザー数が伸びていったのだった。

だが、創業者の佐野は穐田を信頼していたけれど、一方で、自分が創業し、育てた会社が手元から離れて違うものになったと感じたのではないか。寂しさもあり、歯がゆさもあったと思われる。

穐田自身は5年間で辞めるつもりでいた。また、空白の時代に戻って、何をするかを決めようと思っていた。佐野が社長に戻るのであれば、信じる道を行けばいいとも考えていた。彼は創業者をリスペクトする投資家だ。佐野を排除して、自らが社長を続ける気持ちはまったく持っていなかった。ただただ5年間は疾走して、業績を上げることを考え、実行に移していただけだ。

穐田が気にかけていたのは部下たちだ。なかでも彼が声をかけて入ってもらった人間たちだった。クックパッドは成長していたけれど、給料は高くはなかった。菅間の場合、外資系投資銀行のそれより半減したくらいだ。そこで、菅間や堀口たちにはストックオプションを渡していたのである。業績を上げれば彼らに報いることができる。24時間、年中無休で働く彼らに報いるには業績目標を達成して、ストックオプションの権利を行使してもらいたいという希望があった。だからこそ穐田はクックパッドを成長させるために拡大路線を選んだ。

だが、佐野は食べ物以外のサービスをやることに疑問を持ったのだろう。

「この会社は自分が始めた頃と違ってしまった」

成長を維持しながらも、料理とレシピの会社に戻したい。食卓を囲む人々に喜んでもらいたい。それが佐野の気持ちだったと思われる。それは間違ったことではない。

そして穐田と確執があったわけでもない。

争いの経過

２０１５年11月に行われたクックパッドの取締役会で、創業者の佐野は穐田たちが進めてきた拡大路線を段階的に見直し、今後は料理・レシピを中心とする事業と海外事業に経営資源を集中していくとする案を提出した。取締役会議長は穐田だ。穐田は公正を期するため、自らが議長を務めていた取締役会で判断するのではなく、佐野の案を審議するための社外取締役５名（全員）からなる特別委員会を設置した。

取締役会で判断すれば佐野の案に対して「ノー」を突き付ける結果になることは間違いなかったからだ。

特別委員会は時間を費やして冷静に審議し、「佐野取締役の案は認めない」と答申した。

本意はこういうことだろう。

「佐野さんの案は認められませんよ。穐田社長のもとでクックパッドは成長したのだから、そのままの路線で行くのがまっとうな判断です。残念ながら佐野さんが管掌していたアメリカ事業は成長していません。ですから、佐野さんのプランには乗れません」

答申を聞いて、佐野は考えた。何といっても彼は大株主である。争いの起こった2015年末、佐野は発行済み株式の43・57パーセントを持っていた。一方、穐田は第二位株主で14・76パーセントである。

年が明けて2016年1月、佐野は株主提案を行った。

「取締役8名選任の件」

佐野自身だけが取締役して残り、あとは穐田も含めて全取締役を交代させたいという提案だ。だが、提案の後、翻意し、内容を変えた。

「佐野と穐田、加えて2名の社外役員だけは残る。他は全員、交代」

そして、新任の役員はすべて佐野自身が選んだ人間だった。社長含みで呼んだのはマッキンゼー・アンド・カンパニーのIだ。

だが、これはルール通りではなかった。

クックパッドは指名委員会等設置会社で、指名委員会、監査委員会、報酬委員会という3つの委員会が人事や報酬額を決めることをルールにしていた。しかし創業者で大株主だからという理由で、佐野は新しい取締役を入れると提案したのである。提出された案に反対したのが、ひとりの社外役員だった。彼は、補足意見として次のような意見書を取締役会に提出した。

「佐野氏は、（人事に関する）特別委員会の勧告書を受け入れることを取締役会で表明した。それなのに取締役の立場を離れて自らの株主としての立場を優先し、（略）株主提案及び委任状争奪戦を行うと言った。これはおかしい」

取締役会のなかでも佐野と社外役員は論戦を交わした。

穐田は自分からは何も言わなかった。佐野とは昔からよく知っていた間柄だから、あえて何も言わず、ふたりの論戦を見ていた。

株主総会の2日前のこと、社外役員は佐野を海外事業を担う執行役から解任する動議を提出し、それが通ったのである。佐野は実務を取り上げられてしまった。だが、取締役としては残る。

事態は悪化し、紛糾を噂に聞いたマスコミはクックパッドのお家騒動を記事にし始めた。

間が悪いことに、この頃、世間の話題となっていたのが大塚家具の父と娘の争いだった。創業者の父親と経営権を握りたい実の娘が議決権を巡って争っていたのである。

クックパッドは大塚家具と並んで、「ふたつのお家騒動」とマスコミに報じられるようになった。

「注目の大塚家具は久美子社長と父親がプロキシーファイトに突入しています。一方のクックパッドはどうなっているのでしょうか。創業者と現社長のどちらが勝つのでしょうか」といった具合に。

そもそも穐田は翌年辞めると佐野に言っていた。少し待てば佐野は思った通りになる。それなのに、なぜ急ぐのか。穐田にはそれがわからなかった。

それを伝えてはみた。穐田は佐野とは深いところで通じ合っていると期待していたが、答えはなかった。

両者の争いが報じられるようになってからクックパッドの株価は下がっていった。有料会員になろうとする人間も減っていった。クックパッドの成長が止まり、退潮が始まる契機がこの争いだった。

思い返せば、執行役から解任されるまでの佐野はいわば悲劇の主人公だ。自らが創業した会社の人間から追放されたのだから。佐野に同情する社内の人間も少なからずいた。ところが、佐野が行動を起こした瞬間から様相は変わった。悲劇の主人公は佐野ではなく、ユーザーと社員と株主になったのである。一生懸命、料理レシピを投稿していたユーザー、サイトを見ていたユーザー、会社の成長を信じて働いた社員、クックパッドの成長に期待して株を買った株主、いずれも争いなど望んでいなかったからだ。

株主総会とその後

2016年3月24日、クックパッドは本社がある恵比寿ガーデンプレイス内のホールで定時株主総会を開いた

午前10時、総会が始まった。

佐野の持ち株は43・57パーセント。しかし、出席した株主の過半数の株を握っていた。株主総会では株を持っている人間の意見が通る。

総会で議案として出されたのは、佐野が選んだ5人を新任取締役として選任する取

締役選任議案だった。これに先立つ2月12日の指名委員会で審議され、同日の取締役会で株主総会での上程が決議されていた。

総会は過去最高の3時間以上にわたった。騒動を背景にして、それまでの株主総会よりも多くの株主が出席していた。

騒然とした長時間の株主総会の間、稙田は壇上で議長役として立っていた。頭のなかにあったのは「株主に申し訳ない」という思いだ。

総会が終わるとそのまま本社に戻り、取締役会が開かれた。

出席したのは佐野、稙田のほかは新任5名、再任2名である。

「稙田さんには今回、社長を降りていただいて、新任のI取締役が社長になります」

稙田は切ない気持ちで座っていただけだった。ひとりで抗弁しても意見が通るわけではない。

その後、取締役だけでなく菅間、堀口、林といった執行役も外されることになった。

だが、それでも彼は大声を出して反対はしなかった。

取締役会の後、稙田が決めたのは「仲間は引き取る」ことだ。クビになった人間、退社する人間は全員、引き取る。そして、クックパッドのユーザーに対しては、謝る代わりに役に立つような便利な生活関連のサービスを始める。前に向かって走っていく。

そう決心した。

社会人になった時からクックパッドの社長を退任するまでの時期で考えると、穐田は会社を上場させ、資産をつくってはいる。しかし、負けたことも多い。日本合同ファイナンスでは投資先が倒産した。ジャックではFAXサービスを導入したけれど失敗した。アイシーピーではネットバブル崩壊で投資先の資産価値が下落した。カカクコムではサイバー攻撃にあった。そして、クックパッドでは業績を上げたにもかかわらず、退任を余儀なくされた。

決して、楽な人生を歩んでいるわけではない。ただ、負けに慣れているから、自分を見失うことはなかった。パニックになったこともない。自己破産の瀬戸際まで行ったけれど、それでも平常心を保つことができた。穐田を見ていると、負けたからといって落胆したり絶望してはいけない。「負けた」。そう思ったら、苦笑して立ち上がるしかない。苦笑して、ユーモア精神を忘れずにいたら、物事を違う角度から眺めることができる。穐田が持っている能力とは「負け」に慣れること。負けた時に苦笑できることだ。

騒動が終わって

株主総会と取締役会は終わった。

「クックパッドお家騒動、創業者に軍配も　株主不満」（日本経済新聞）といった記事のほか、「泥沼騒動で社内深刻」といった解説記事もネットに載った。

だが、クックパッドの業績を上げるために働いた菅間、堀口たち執行役が解任されたことについて触れた記事はない。株価は落ち、時価総額は減少した。

ちなみに同時期、父と娘の反目で話題になった大塚家具の2016年当時の時価総額は187億円。クックパッドの方がはるかに大きな規模だ。それでも大塚家具よりも小さな扱いだった。マスコミは父と娘の反目の方が読者にウケると判断したのだろう。

株主総会の後、クックパッドは新事業を分離するとともに料理とレシピへの回帰を宣言。加えて、海外事業にも投資を継続した。その結果ははかばかしいとは言えない、新社長は2023年、退任。佐野自身が社長に復帰した。

穐田と佐野。ふたりはひとつの事業を一緒に育てた同志だ。誰も間に入ることができなかったために衝突に至ったのだろう。ふたりの気持ちは第三者がうかがい知ることができるものではない。もし今、街のどこかで出会ったら、ふたりは「やあ、こんにちは」とあいさつして話し始めるかもしれないし、またすれ違うだけかもしれない。

穐田は2016年末まで取締役兼執行役として会社に残り、彼が始めた新事業を引き取った。新事業をクックパッドから買い取った原資は穐田が持っていたクックパッドの株式を売却した金だ。しかし、売却した時、すでにクックパッドの株価は下がっていた。

穐田のもとに集まってきたのはクビになった執行役のほか、新体制と方向性が合わないと思った数十人だ。クックパッドを辞めた人間は他にもいたが、ライバルの会社に移った人間もいれば独立して会社を始めた人間もいる。

アイドルとの結婚を目標にしていたCTOは「独立します」と穐田に報告に来た。

「そう。どうするの？」

CTOは答えた。「穐田さん、覚えてますか？」。

「何のこと？」

「僕、前も辞めるって言いましたよね」

「そうだっけ？」

「穐田さんが止めたんですよ。何か夢を持って、それがかなったら辞めていいって」

「じゃ、夢がかなったの？」

「うん、かなったようなもんなんですよ。

あの時はアイドルと結婚することが夢でした。だから、必死になって働いた。でも、考えてみたら、自分が好きな普通の人と結婚するのがいいんじゃないかと思って。それで結婚することにしました。だから、会社は辞めます。僕が辞めるのは今回の騒動とは関係ないと穐田さんには言っておこうかなって」

ＣＴＯは会社騒動のことなんか、どうでもいいと思っているようだった。会社の時価総額も関係ない、佐野の味方でもなかったし、穐田側に立ったわけでもない。

「辞めます」とただ伝えにきただけだ。

穐田は妙に心地よかった。人の幸せはここにある。普通の人の関心とは自分自身とその周りだ。ＣＴＯは自分の幸せを追求することに精一杯だった。幸せな状態を続けるために自分を守ることはあっても、仕事のことで他人と争いたいとは思っていない。

それが普通の人の考え方だ。

人は自分らしく生きていけばいい。偉い人や金持ちの真似をすることはない。自分と家族と周りの幸せをいちばん上に置いておけばいい。

ただ、穐田としてはユーザー、株主、菅間たちには借りがあると思った。借りは返さなきゃならない。これからの人生は借りを返す一方で、自分と周りの幸せを追求する。どっちも手に入れると誓った。

当時、彼は友人にこう話していた。

「僕は自分を信じてくれる部下のために頑張るなんてタイプじゃないんですよ。人とは多少距離を置いたほうが心地よい人間ですから。だけど、今回だけは辞めていった人間のために何でもやる気でいます」

自分の気持ちを吐露するなんてことは小説や映画のなかだけだ。穐田がそこまで話したのは、その時だけだ。その後はない。

吐露して決意表明した理由はクックパッドが成長したにもかかわらず、仲間に報いることができなかったからだ。

穐田がクックパッドに呼んだ人材は、同社で働いていた間は決して高給ではなかった。穐田はそのことに申し訳ない気持ちでいっぱいだった。社長として会社を成長させ、ストックオプションで還元することに決めていたからだ。

ストライクパッケージ

ジャックからクックパッドまでの穐田の経営には個性がある。それは戦略と人材の編成を一気にやること。彼は営業方針を示したら、それとともに新しい人材を投入して編成を完成させる。軍事用語でいうストライクパッケージのつくり方が上手だ。

ジャックでは上場という目的のために、当時まだ新しい技術だったインターネットを使い中古車の仕入れシステムを構築した。さらに人事、営業現場の統括、コールセンターの担当もやった。

カカクコムでは少ない部下を面接し、彼らが希望する仕事をさせ、さらに彼らのモチベーションを上げるために居酒屋で飲んだ。ショッピングサイトのなかでもいちばん早く商品を安い順から並べることを導入した。そうしてユーザーを増やした。

食べログは自分自身のユーザー体験がきっかけだった。それで飲食店の投稿レビューサイトをつくった。担当したのは新しく採用した社員だ。

クックパッドを成長させるために広告体制を変更し、人事をシャッフルし、サイトの運営方針を変えた。

2番目の個性は展開の広さと速さだ。スピードの重視である。

カカクコムではまずパソコンで圧倒的な陣地を築き、プリンター、インクといった周辺の商品に広げ、その後も着実に商品ジャンルを広げていった。

食べログでも、首都圏で投稿レビューサイトが確立したら全国に進出した。

クックパッドでもレシピだけにとどまらず、家計簿サービスのＺａｉｍ、チラシ情報のトクバイ、みんなのウェディングなどに投資して事業の展開を図った。だが、クックパッドという本拠地を失い、一から軍団の編成をやり直さなくてはならなかった。

くふうカンパニーをつくるに際しても穐田は自らが確立した経営の仕方、そしてストライクパッケージを活用することにした。２０１６年から始まったくふうカンパニーの編成は仕上げるまでに5年かかっている。

CHAPTER

2

ユーザーが導いてくれるから

——くふうカンパニーの立ち上げ

01

クックパッド時代の出資先を買い取る

クックパッドの騒動を見たホリエモン

クックパッドのお家騒動の時、いち早く穐田支持を打ち出したのが実業家の堀江貴文だった。

彼はわたしにこう言った。

「僕は穐田さんがカカクコムの経営権を取って成長させた時代から見てます。実は、かつてアイシーピー時代の穐田さんから『堀江さん、カカクコムを買ってよ』と言われたことがありました。ただ、僕が『現金でなく株式交換でどうですか』と言ったら、穐田さんがアイシーピーとして買っちゃった。それで社長になって成長させた。

穐田さんは特別なことはしないけれど、きちんと当たり前のことを当たり前にやる。

他のＩＴサービスの人たちって、たまたまやったサービスが当たってラッキーみたいな人が多いんですよ。

稙田さんは元々ネットの人じゃないし、サービスをつきつめて考える。彼が最強なのはちゃんと物事の本質がわかっているからです。

『どうしてこのサービスをやるのか』

『どうして、このサービスが必要とされるのか』

『これをやったら売り上げは上がるのか』

すべての面を詰めて考えて実行に移しているから、会社を成長させることができた。クックパッドもそうです。稙田さんだから成長させることができた。なかなかそんな人はいないんですよ。

世の中には起業志向でそこそこ賢い人はいる。でも、いまだに大企業にいたりするから、そのなかでスポイルされて、そうして何もしないまま一生が終わる」

トクバイ

クックパッドの社長を退いた後、半年ほどは残務整理をした。残務整理とはまずクックパッドの株式を売却すること。そして、得た資金でクックパッド時代に出資していた会社、買収していた会社の株式を個人で引き取ることだった。Ｚａｉｍ（現・くふうＡＩスタジオ）、トクバイ（現・ロコガイド）、みんなのウェディング（現・エニマリ）、オウチーノ（現・くふう住まい）がそれだ。そうした会社にはクックパッドから放り出された執行役の菅間、堀口、そして退職した社員たちが勤めるようになった。

トクバイは元々、クックパッドのサービスとしてセクションをつくっていた。穐田は渋谷にオフィスを借り、社員をそこに移した。

菅間、堀口は御成門につくったオウチーノのオフィスに出勤することになった。株主総会の後、無職になった菅間は文京区の自宅で妻と子どもと「毎日が日曜日」といった状態で暮らしていた。子どもと遊んだり、近所へ散歩しに出かけたり……。だが、長くは続かない。仕事が決まり、いちばんほっとしたのは菅間の妻だった。

穐田がトクバイというデジタルチラシのサービスを考えたのは、クックパッドの社長になる以前からだった。

では、デジタルチラシとは何なのか。デジタルチラシとは紙に印刷されたものではなく、スマホ、タブレット、パソコンなどに配信するチラシをいう。元々は新聞に折り込みで入っていた紙のチラシをオンラインにしたものだ。デジタルチラシはスーパーマーケットやディスカウントストア、その他の小売店がデータで印刷会社に送るデータをそのまま使う。

新聞の折り込みとは違って地域を限定することはなく、キャンペーン、クーポンの配信もできる。そして、印刷代、配布代がいらない。スーパーにとっては紙のチラシよりも安く制作できる。

トクバイのユーザーが伸びている理由の大きな部分は、紙のチラシをはさむ新聞の購読者が減っていることだ。新聞の発行部数はこの20年で2000万部以上、減っている。20代の社会人のなかには「毎朝、朝刊が届く」ことを経験したことがない人も少なくない。そういう人たちにとっては、チラシといえば紙ではなく、デジタルチラシだ。

トクバイのサービスをリリースした当初、印刷会社の系列なども含め、デジタルチラシの会社は乱立していた。しかし、今ではその頃、登場した同種の会社はトクバイとシュフーの2社に絞られつつあるといった状態だ。

穐田が取った戦略はまず市場を取りに行くことだった。デジタルチラシの会社の収益はスーパーマーケット、小売店から掲載料をもらうことで成り立つ。かつて、彼がカカクコムにいた時、秋葉原の家電販売店から登録料をもらったビジネスモデルだ。カカクコムの時はサイトに掲載された商品が販売店で売れたら、アフィリエイトの収益も入ってきた。しかし、デジタルチラシの場合は掲載商品が青果、鮮魚、精肉、総菜などせいぜい数百円の商品だ。さすがに「アフィリエイトの売り上げ分配をくれ」とは言えない。

彼は掲載料金を下げることにした。当初は「お試し価格」で無料。その後、スーパー、ディスカウントストアが払う金額をひと月あたり5000円に設定した。それまで標準的な食品スーパーはチラシの費用として月に100万円払っていたという。それに比べれば5000円は圧倒的に安い。価格破壊だ。

一方、競争相手だった印刷会社系のデジタルチラシ会社の場合、掲載料はケースにもよるがトクバイよりも高い。

なぜ、印刷会社系のチラシ会社が価格を安くできなかったかといえば、それは親会社がまだ紙のチラシを印刷して儲けているからだ。あまりに安くしてしまったら、親会社の仕事を取ることになってしまうからだろう。

発足した当時、トクバイはクックパッド内のサービスだった。掲載料を払うスーパーマーケットにしてみれば、破格の料金でもあったし、「料理を作るユーザーがデジタルチラシを見てくれる」という期待があったから、スーパーマーケットは導入してくれたのである。

お家騒動の結果、クックパッドからは独立した。当初、穐田は「ユーザーが減るんじゃないか」と心配したのだが、スマホに最適化するサービスを追求したら、ユーザーは増えたのである。つまり、クックパッドのユーザーとトクバイのユーザーはまったく同じではなかった。クックパッドは主に料理を作ろうとする人間が見る。すでに材料が手元にある場合が多い。クックパッドを見て料理を決めてから材料を買うのではなく、自宅にある材料で料理を考える。サイトを見てすぐにスーパーへ買い物に走るわけではなかった。

一方、トクバイを見る人とは調理を考える前に、まずはお買い得商品を知ろうとする人だ。和牛の切り落としがお買い得であれば肉じゃがや肉豆腐を作ろうと考える。マグロのぶつが安いのであればマグロ納豆にするか、あるいはマグロの角煮、あるいはマグロのコロコロステーキにしようと思う。レシピが先ではなく、あくまで食材が先だ。つまり、クックパッドを見る人とトクバイを眺める人の間には意識の差がある。要はクックパッドとトクバイの連携はあまり取れていなかったことになる。

そして、トクバイは自分たちの道を切り開いていった。トクバイのサービスは伸びていき、ユニークブラウザ数で月間1600万人となった。ユニークブラウザとはブラウザごとにカウントした数字だ。たとえば、ひとりがスマホとパソコンで見たとすると、ブラウザが異なるので、「2」とカウントする。

ただ、利用者の数はやや停滞していた。そこで、トクバイはスーパーマーケット、ドラッグストア、ホームセンターから掲載の対象を広げている。多くの量販店からチラシの受注を増やすことに注力し、加えて地域も拡大した。その結果、時間はかかったが、トクバイからロコガイドに社名を変えて2020年には上場することができた。

穐田はトクバイを考え、育てる仕事に熱中した。クックパッドでの騒動の後、このサービスに時間を注いだ。また、彼は子どもの頃からスーパーのチラシを真剣に見ることが好きだったし、スーパーのファンでもあった。客としての目でチラシをデジタルサービスにすることができて、楽しくて仕方がなかった。

むろん、彼自身はスーパーの経営をするつもりはない。しかし、日本のスーパーは世界のどこのスーパーよりもきれいで、商品の陳列も整然としていて、商品自体もおかしなものなど並んでいない。それでいて、レジに長時間並ぶこともない。従業員は笑顔を絶やさない。

ビジネス上の小さな奇跡がそこにあると感じた。

彼は物販店なり、サービス業の店舗に行くと、「自分が社長だったらどうやって商品やサービスをよくするか」を必ず考える。そして、何かしらアイデアが浮かぶとそれで満足する。しかし、ユニクロとスーパーマーケットだけは改善しようにも何も思い浮かばない。完全無欠のビジネスだとしか思えない。

「ユニクロと食品スーパーを今以上によくすることは僕には絶対に不可能」

それが結論だ。

前田ＣＰＯの話

前田卓俊はくふうカンパニーのチーフ・プロダクト・オフィサー（ＣＰＯ）。彼は大学を卒業していない。テクノロジーは長崎県立諫早商業高校情報処理科で学び、地元の優良システム企業システック井上で実践した。その後、スタートアップのＬａｂｉｔで取締役ＣＴＯとなり、インターネットサービスの開発に携わる。穐田が社長時代にクックパッドに入り、有料会員向けサービスといったプロダクト開発に従事した。トクバイでは取締役ＣＴＯに就任して、業績を伸ばした。

前田はこんな話をした。

「高校生の就職活動って進路指導室が決めるんです。自分で自由に応募できない。進路指導室を通しての求人応募しかできなくて、先生が『システック井上という会社がいい』と言ったので、入社しました。僕は高校生の時からプログラミングが比較的得意で、根っこをたどると小学生くらいからやってました。システック井上では電子カルテ、レントゲン系、医療用の画像システムの開発をやりました。プログラマー兼システムエンジニアで、２年半ぐらいです。

会社に入ると、お客様がいて納期があることがわかりました。当たり前ですよね。でも、高校を出たばかりだから基本的なことに慣れていなかった。会社では寝ずに1カ月くらいは必死にコードを書き続けて……。仕事への取り組み方はそこで形成されたと思います。

システック井上では、『前田はタフなやつ』と思われたらしく、いろいろな案件が飛んできたので、必死にこなしました。その後勤めたスタートアップのラビットでは文字通りオフィスに住んでました。住民票をオフィスに置いて、そこ以外に家がないという状況で1年間くらい寝泊まりして過ごしていた。

すごく厳しい環境でしたけれど、何かが起こった時、すぐ対処できないと会社がつぶれるんです。思い返せば、経験のなさと力不足と未熟だったこと。常識的な仕事をしていたのでは会社が生存できない。別に誰かから仕事を強いられていたのではなく、やらなきゃ死ぬという強迫観念で働いていました。

トクバイの話になりますが、トクバイはデジタルのチラシサービスです。ただ、単純にお買い得情報さえ載せていればそれでいいというわけではないのです。その裏側にユーザーさんの求めているものがあります。

今日何かを買おうと思って見ている方がいます。明日以降の食べるご飯を想像しながらお得な買い物をしようとしている方がいます。単に発見として、ぼんやりと見ている方もいらっしゃいます。

誰もが単純に『今日のお買い得品』を眺めているわけではない。もう少し根っこを掘っていくと全然違う本音が隠れていたりして、そこが意外に重要なんです。ユーザーさんによってソフトウェアのかたち、プロダクトの仕様は変わってくるから、どこまでイメージできるかがエンジニアとしての資質です。

日常の暮らしに関わるサービスって、開発側が、どれだけ気が利いているかがいちばん重要だと思います。タイトル、機能や画面の設計、仕組み、どんな人を相手にしているのかを作り手がどれだけ詳細にイメージできるか。そこがポイントで、そこがうまくいったからトクバイのサービスが伸びているのだと思います。

クックパッドに入ったのは人の紹介です。当時、クックパッドは新しく入った人は全員、稲田さんと昼ご飯を食べることになっていました。その時が面と向かってちゃんと話したいちばん始めです。そこからしばらく関わりがなかったんですけど、トクバイの分社化というなかで、ひょんなことでまた関わりができて……。稲田さんとの関わりがなかったらくふうカンパニーで仕事をやっていなかったでしょう。人との運という意味合いでは、すごくいいんじゃないかな。

クックパッドに入社した時の昼ご飯の話ですけれど、その時、僕はまだ『やれる』感じを持っていなかったので、『会社をゼロからつくることにもう一度チャレンジしたい』と言いました。そうしたら、穐田さんは『早く実力をつけたら、早く辞められる。そうしたら、独立して経営者になれる』って。入社してすぐの社員にそれを言うのかって。とにかく、辞めるのを前提に自分のしたいことをするのが会社だと言ってました。

本質的な課題設定をされる方です。

トクバイのシステムを移管した時の話ですけれど、穐田さんに『システムを持ってくるのに2年ぐらいかかります』って言ったら、『半年でやれないか』って。半年はどう考えても無理ですって言うと、『じゃあ、1年でやれないの?』。やれるかやれないかわからないですけど、とりあえず死ぬ気でやることだけはコミットします。でも、やれるかどうかは断言はできませんって、逆ギレ気味で答えたのを覚えてます。結局、できるのに1年半かかりました。

要求度が高い。それをさらりと出してくる。そういう感じ。本質的なことをさらりとぶっこんでくる。そこはいつになっても変わらない」

ぼったくりビジネスに挑む

トクバイの次に稙田が個人で買収したのが結婚情報サービスのみんなのウェディングと、不動産情報のオウチーノだ。

どちらもすでに上場していた会社だったが、いったん成長が止まっていた。結婚式、披露宴の情報サービスと不動産の斡旋情報は一見、かけ離れたジャンルのサービスだ。だが、彼は同じ範疇に属するものと考えていた。結婚式や不動産の取得契約はユーザーにとってはたびたび行うことではない。一生に一度というのが相場だ。そうなると、心がけのよくない業者は「一生に一度だから、ふんだくってやろう」と考える。

結婚式場は「ウェディングドレス持ち込み料」を要求するところが多い。一着5万円から10万円だ。自分のドレス、たとえば母親の形見のドレスを持ち込むと、それだけで10万円を式場に払わなければならない。式場は保管料だと主張する。しかし、そんなわけはない。保管料だと強弁するのならば、では、自宅からウェディングドレスを着用していくのであれば持ち込み料を取らないのだろうか。そんなことはないだろうし、また何か理屈をつけて追加料金を請求しようとするに違いない。

カメラマンに写真撮影を頼むとする。式場の専属カメラマンだと5万円から10万円を支払わなくてはならない。階段を背景に撮影すると、「10万円アップ」という式場もある。それで、これを友人のカメラマンに頼むとする。すると「持ち込み料をいただきます」と言われるという。

果たしてカメラマンはウェディングドレスと同じように、式場に持ち込む物品なのだろうか。

とにかく理屈をつけて売り上げを上げるのが、心がけのよくない結婚式場のビジネスモデルだ。

気の弱いカップル、交渉を面倒と思うのであれば、「どうせ一生に一度のことだから」とためらいはするが、払ってしまうだろう。

穐田はぼったくりビジネスを消し去りたいと思っている。

こうした不可思議な追加料金は不動産取得、会葬などでも起こりうる。一生に一度か二度しか経験しないから……。

葬祭場では通夜振る舞い、精進落とし は高額になってしまう。近くの料理屋に行けば一人前3000円の料理が葬祭場のなかだと1000円はアップする。これは葬祭場ではないが、僧侶は戒名を付けるだけで2万円から100万円をそれとなく要求する。

「そういうのやめようよ」と稲田は思う。だから変えたい。

みんなのウェディングのつくり替え

みんなのウェディングは2008年にDeNAのサービスとしてリリースされた。だが、他の部門に比べ収益性が低かったこともあり、サービスを休止しようということになった。

担当者が「では独立します」と事業を持って外に出ることにしたのである。みんなのウェディングが分社化された後、稲田が個人で株を取得した。ただし、独立した会社になったのはよかったものの、投資家たちから「独立はいいけれど、いったい、いつ上場するんだ」というプレッシャーがかかった。ＤｅＮＡの一担当者から社長になった人物はそれこそ夜も寝ずに頑張り、何とか上場にこぎつけることができた。

ところが、直後に不正が発覚した。ひとりを残して取締役が全員辞任してしまう。それでも営業は続けてそれなりに頑張っていた。不正が発覚した翌年（２０１５）、結婚のような生活者のライフイベント領域への進出を考えていたクックパッドが投資をし、立て直しに精を出す。ところが、お家騒動の結果、料理、レシピと直接、関係のない会社に出資はしないことになり、穐田は２０１７年にクックパッドから個人でみんなのウェディングを買い取った。

こうした経緯でみんなのウェディングは穐田が出資した会社のひとつになり、その後２０１８年、不動産サービスのオウチーノとの共同株式移転により、くふうカンパニーとなった。共同株式移転とは2社以上の既存企業（みんなのウェディングとオウチーノ）が共同で株式移転を行い、すべての発行株式を新設会社（くふうカンパニー）に取得させること。

さて、みんなのウェディングは理想の結婚式づくりをサポートするサイトだ。通常、結婚式は一生に一度（二度も三度もやる人はいる）である。その時だけの情報サービスであればユーザーは一度しか使わない。

そこで、情報提供だけでなく、結婚式のプランニングやウェディングドレスの販売、貸し出しもやることにした。また、式場探しも専業の式場にとどまらず、神社の集会所なども含めた場所探しまで行うことにした。在庫を持ち、手間とコストはかかるけれど、それくらいしないとユーザー体験に責任を持てない。丁寧に、地味に、口コミを頼りに努力を続けているうちに、みんなのウェディングというサービスも含め結婚事業の業績は伸びていった。

ところが、コロナ禍になった。

結婚式をしないカップルが増え、エニマリの業績はコロナ禍以前よりは下がってしまった。現在はＡＩを活用し、改善を進め、他のサービスとの差別化を図っている。

オウチーノのつくり替え

不動産情報サイトのオウチーノを買収したのはクックパッドのお家騒動の後だった。M&Aの仲介業者から「オウチーノを買わないか?」という話が持ち込まれ、買収することにしたのである。

調べてみると、オウチーノの経営は厳しい状態だった。不動産情報サイトにはSUUMOとホームズという2大サイトがある。

オウチーノは上場（2013年）した勢いで2大サイトに迫ろうとしたのだが、追いつくことはできなかった。穐田に買収話が来たのは将来の成長戦略を描くことができなかったからだ。当時、ポータルサイト運営がメインだったけれど、好調とは言い難い状態だった。

ただ、やりようはあると思い、穐田は個人でオウチーノを買い取ることにした。

不動産物件の売買仲介手数料はぼったくりとまでは言えない。しかし、インターネットの時代にはそぐわない利率に思えた。売買仲介手数料の上限は400万円を超えると3パーセントだった。そして、どこの会社も上限の3パーセントを受け取っていた。上限が上限として通用せず、3パーセントが固定手数料となっているのが実態だ。

3パーセントには理由があった。かつて不動産の売買仲介は手間のかかる仕事だった。物件を見に行って、周りの様子、駅からの距離も現地まで行って調べて資料を作る。それから「買いたい」という希望者を物件に案内する。そして、買うことが決まれば契約書を作る。引き渡しに立ち会って購入者に鍵を渡す……。膨大な仕事量である。

ところが、今では1億円の中古物件の仲介でも、事務所にいながらパソコンを

不動産仲介手数料の上限額

売買価格	仲介手数料
400万円超	3.3%
200万円超～400万円以下	4.4%
200万円以下	5.5%

＊売買価格には消費税を含まない
＊仲介手数料は消費税込み

（注：空き家物件の流通を促すために、2018年からは安い物件についての仲介手数料は少し高くなっている）

使って仕事を完結することができる。

「好物件　美麗　駅近　学校近」と書いたチラシを電柱に貼って回るのは、かつての不動産仲介業だ。今、そんなことをやっている人はいない。インターネット上でマッチングができる。

また、物件は直接、見に行かなくともグーグルマップとグーグルのストリートビューでわかる。周りの学校、スーパーマーケットまでの距離もだいたい見当がつく。身体を動かすのは実際に物件を見ること、引き渡しの時に鍵を渡すことくらいだ。

それでも仲介手数料は3パーセント。10億円の物件だったら、買い手は3000万円も手数料を取られてしまう。

不動産売買の仲介手数料は現在では仕事の実態に合わなくなっている。サイト上で多くの作業を済ませれば買い主、売り主ともに手数料を節約できる。

また、不動産賃貸の場合、不動産仲介手数料は家賃の1カ月分となっている。これもマッチングはインターネットでできるのだから、高額な家賃の家を借りた人、たとえば月額200万円の住居を借りたい人は200万円の手数料を取られる。それもまた理不尽と言っていい。

理不尽な現状が通用している分野はインターネットとＡＩで手数料を安くすることができる。

「自分のやるべきことはそれだ」

そう考えて穐田はオウチーノを買収した。何度も引っ越しをしたし、自宅を買った経験から不動産ビジネスに入っていくことにした。

くふうカンパニーグループのなかに入ったオウチーノは現在、メディアでの情報掲載だけでなくニッチな仕事で成長している。

それが「オウチーノくらすマッチ」という不動産業者向けの営業支援ツール。不動産業者は希望者が来店、あるいはホームページを訪れた時、物件情報を知らせる。ただ、学校、スーパー、最寄り駅といった物件の近くにある地域情報は担当者がその場でひとつひとつ検索して知らせる場合がほとんどだ。オウチーノでは物件の最寄り情報を用意して、それを不動産業者に提供している。

不動産業者は客が来たら、オウチーノのサイトにログインしてその情報を見せればいい。大きな仕事ではないから薄利だ。ただ、そこから始めてオウチーノのサイトを周知し、存在感を高めて、中古物件の個人間売買に足がかりを築く。

いずれ中古物件を売りたい人、買いたい人をサイト上で完結させる。仲介手数料はゼロにはできないが、3パーセントも取らなくていい。手数料を下げてユーザーを集める。加えて、新築物件の相談、プロデュースもやる。なるべくハウスメーカーを介在させることなく、家を建てたい人と工務店、建築家をネット上でマッチングする。ハウスメーカーに家を建てる依頼をすると、直接、工務店に頼むより割高になりやすい。それはハウスメーカー自体はプロデューサーだからだ。実際に設計するのは建築家、施工は工務店だ。ハウスメーカーに払う建築費には本社経費、テレビコマーシャル代、住宅展示場経費が上乗せされている。

オウチーノはハウスメーカーがやる部分をネット上で行い、手数料を安くする。それが今後のやることだ。ただ、これは他社もすでに手がけている。それでもなかなかネットの不動産プロデュースが成長しないのは「不動産は直接、訪問して買うもの」という認識と常識があるからだ。オウチーノがやることはユーザーの認識と常識をどう打ち破るかだろう。

クックパッドを辞めてから穐田が起業した会社、買収した会社は十数社になった。

くふうカンパニーのホームページを見ると、ユーザー視点に立っていることがわかる。通常の事業会社はサービスを生活関連、不動産関連など会社側から見た事業別で分類する。だが、くふうカンパニーはユーザーの困りごと別に分類してある。同社の基本テーマがユーザーの困りごとの解決だとわかる。

くふうカンパニーの事業はまだまだ増えていくだろう。何年たっても、困りごとが減ることはなく、新しく増えていくからだ。

個別に見ると、不動産情報だったり、デジタルチラシだったりと類似のことをやっている企業はある。だが、くふうカンパニーとは違う。普通の企業のテーマはユーザーの問題を解決することではない。利益を上げ、継続と成長に結びつける。それだけだ。

一方、穐田のテーマは経営はユーザーが教えてくれるということだ。ユーザーが好意を抱くような経営をしていれば会社は長く続く。オレがオレがの経営ではなく、ユーザーに導いてもらう経営だ。

くふうカンパニーはユーザーが指し示す方向へ進出すればいいのだから、時間とエネルギーとコストをかけて経営計画を考える必要はない。目で見て耳を澄ますだけだから効率がいい。

金融商品、介護、葬儀など、ユーザーが困っているサービスはいくつもある。そうした分野に進出し、割高な手数料を安くすればいい。インターネットとＡＩの技術を使えば人間がやらなくていいのだから、自然とコストダウンできる。稙田でなくとも誰がやってもできる仕事なのだけれど、ユーザーファーストの企業でなければ気づかない。

こうしてみると、クックパッドから追放されたおかげで、稙田はやりたいことができるようになった。迷惑をこうむるのは割高な手数料で食べている業界だろう。彼らにとって稙田が業界に参入してくるのは、野に放たれた虎が牙をむくようなことだから。

広告と収入

くふうカンパニーグループが運営するサイトにおける収益は、主に広告収入と法人のシステム利用料だ。これは何もくふうカンパニーに限らず、サイトに読者を集める

ＩＴ企業ではどこも似たようなものである。

そして、サイトに載る広告はインターネットの歴史とともに進化してきている。最初はバナー広告だった。日本では１９９６年に「ヤフージャパン」がバナー広告の取り扱いを開始した。同時に始まったのがテキストメールの広告だ。メルマガと呼ばれていたメールマガジンを発行するサービスが生まれ、メルマガのヘッダー（ヘッド　ページの上部）やフッター（フット　ページの下部）に広告文を挿入するサービスが始まった。

同じ年、アメリカではアフィリエイト広告が誕生している。アマゾンの「アソシエイトプログラム」だ。これはすぐに日本でも取り入れられるようになった。

もっとも大きな節目は２００２年だった。トップページに広告を入れるのではなく、検索結果に応じて広告が表示されるようになったのである。グーグルが検索連動型広告という「グーグル・アドワーズ」を始めた。

パソコンでもスマホでも、たとえばあるメーカーの靴について、グーグル検索したら、とたんに、そのメーカーの靴の広告が出てくる。インターネット広告における大発明だ。

同じ時期にコンテンツ連動型広告も始まった。検索連動型の派生ともいえる。サイトのコンテンツとテーマを分析してセグメントする。そして、サイトの主要テーマとクライアントが選択したキーワードや広告文を連動させる広告をいう。

2008年からはアドネットワークが一般的になった。アドネットワークとはサイトやソーシャルメディア、ブログなど複数の広告媒体を集めて広告配信ネットワークをつくること。さらにそうした媒体に広告をまとめて配信する仕組みだ。アドネットワークのおかげで広告を出すクライアントは手間が省けるわけだ。

検索連動型、コンテンツ連動型、アドネットワークはサイトに来るユーザーが増えれば増えるほど機能する。

サイト運営者はユーザーを増やすことに力を注げばいい。ただし、簡単なことではない。世の中には同じようなコンテンツのサイトが無数にあるからだ。サービスサイトの運営事業は今やレッドオーシャンの世界だ。競争相手が多すぎる。

では、サイト運営者は読者を増やすためにサイトの存在をどうアピールすればいいのか。

テレビや新聞、雑誌に広告を載せる会社は少ない。既存メディアの広告料は高額だから、割に合わない。そこで、ネット広告を出すこと、もしくは、SNSなどを使った口コミに頼る。

「このサイトは使える」とSNSに書き込んでもらう。あるいはYouTubeで言及してもらう。

今のところ、このふたつの口コミが効果があるとされているようだ。ただし、書き込んでもらったり、言及してもらうにはサイト自体に魅力があって、ユーザーが得をするものでなくてはならない。しかも、ポピュラリティとオリジナリティがいる。

カカクコムは比較サイトとして魅力があり、ユーザーは確実に得をする。さらに、安いもの順に並んでいるというオリジナリティを最初に確立した。だから、今も人気サイトとして君臨している。

企画広告と有料サービス

サイトが収益を上げるための広告にはもう一種類ある。それが企画広告だ。クックパッドがお酢やケチャップなどのメーカーに提案した販促要素のある広告企画のことだ。

トクバイであればチラシを出すスーパーや量販店以外にも、食品メーカーなどに企画広告を提案する。

ただ、稲田は広告はユーザーあってのものと考えている。ユーザーが増えれば広告はついてくる。何よりもユーザーを増やす。そのためには質のいいサービスを提供する。そして、無料のサービスだけでなく、有料のそれをつくり、有料ユーザーを集める。有料ユーザーには「お金を払ってもこれなら安い」と思ってもらえるサービスを提供する。

有料ユーザーを集めることはやさしくはない。しかし、大切だ。サイトにとっては必要なものだ。有料ユーザーはサイトの支持者であり、ファンだ。コミュニティの中心メンバーにもなる。

サイトの経営者にとってもありがたいのは売り上げの見込みが立つことだろう。そこで、経営者は月額をいくらにするかに知恵を絞る。大きな金額にすればなかなか集まらないし、かといって金額を下げれば大した利益にはならない。

月額料金をいくらにするかは大きな経営判断だ。有料ユーザーへの課金だけでサイト運営できるのが理想だけれど、それにはよほど魅力がある内容でなくてはならない。インターネットのサービスサイト運営とは何を売るのか、どう広めるのか、有料無料をいかに切り分けるかを考えることだ。

単に、「これは必要とされるサービスだからウケるはず」といった考え方ではサービス企業の経営はできない。お金を払ったユーザーにきちんと価値を届けられるかどうかがサイトの存在意義だ。

カカクコムができたために、どこへ行けばいちばん安いパソコンが買えるのかがわかるようになった。それまでは自分が電話できる範囲でしかパソコンの価格を調べることができなかったのだから、ユーザーにとっては大きな進歩だ。インターネットのサービスサイトはちょっとした進歩ではダメだ。大きな進歩を売らなくてはならない。そうでなければユーザーは集まってこない。

うまくいっていないサイトには大きな進歩、大きな得はない。ユーザーが大勢集まるサイトにはそれだけ価値がある。

02

くふうカンパニーの目指すもの

くふうカンパニーの経営システム

現在のくふうカンパニーは、上場していたロコガイドと同じく上場していたくふうカンパニーが共同で新たに設立した会社であり、グループ会社を支援する会社だ。通常はグループの親会社と表現するが、穐田はそうは呼ばない。親会社、子会社とネーミングした段階で上下関係が決まってしまうからだろう。

現在は穐田と閑歳が代表執行役で、番頭役のＣＦＯが菅間だ。

くふうカンパニーの全体を見ていくと、グループ内の企業は19社でサービスのサイトは25以上、仕事の内容は６つの領域に関わっている。

デジタルチラシのトクバイ、家計簿アプリのＺａｉｍが入っている「日常・地域生活領域」、不動産情報のオウチーノが属する「住まい領域」、みんなのウェディングがある「結婚領域」、くふうＡＩスタジオが入る「デザイン／テクノロジー開発領域」、そして、「投資・事業開発領域」。最後のカテゴリーに入るのが、くふうカンパニーの「経営管理領域」。

くふうカンパニーはいわゆるホールディングカンパニーではない。代表執行役が事業会社のトップに指示して、すべてのサービスをマネジメントしているのではなく、あくまで支援会社だ。ホームページの事業説明を読むとその構造を理解することができる。

番頭の菅間はこう説明をする。

「一般的なグループ企業って最上位にホールディングカンパニーがあります。その下に事業会社が連なり、ユーザーは末端にいます。

くふうカンパニーは違います。穐田がいつも言っているユーザーファーストが最重要の指針ですから、最上位はユーザーです。そして、ユーザーにサービスを提供するのが事業会社。くふうカンパニーは持ち株会社ですが、支援会社ですから、事業会社の下に位置します。なかでも最下位が穐田と閑歳なんです」

正しくは最下位の位置を3人が受け持っていると理解できる。いずれにせよ、ユーザーが最上位であることは間違いない。会社の編成でもユーザーファーストを貫くわけだ。

では、支援会社のくふうカンパニーは何をやっているのか。

菅間が言う。

「持ち株会社としてのくふうカンパニーの経理部門は、経理機能を各事業会社に提供しています。持ち株会社にいながら経理を担当することもあれば、事業会社に出向して経理事務を行うこともあります。

事業内容によって経理のあり方が違うから経理担当はさまざまな経験を積むことができます。グループ内にはウェディングドレスを売る会社もあるので、在庫管理もやらなくてはならない。スタッフ部門でもキャリアを積むことができるから、転職も有利になりますし、経理サービスの会社を起業することもできる。うちは経営者の育成が目的ですから、社員がキャリアを積めるような組織にしてあります。経理部門だけでなく総務、広報は持ち株会社がまとめて各事業会社の実務をやっています。

グループ会社のことは子会社とは言いません。一般だと出世争いに負けた幹部が行くのが子会社、グループ会社のようになっていますけれど、うちは機能としての経営者がグループ会社で働く。経営者を派遣するケースもありますが、グループ会社の意思を抑えるようなことはしません。各社の経営の意思を尊重します。

従業員は新卒に関しては一括して採用しています。彼らは好きな事業会社へ行くことができる。スタッフ部門でもいいです。また以前からいる人間も興味を持った会社で働くことができるように異動はできます。事業会社から持ち株会社のスタッフ部門に移ることもできます。起業、独立も奨励していますよ」

クックパッドのお家騒動がいい教訓になったのだろう。同社の報酬委員会、指名委員会は確実に機能している。大株主だからといって人事を専断することはできない。大株主の穐田自身が自らを縛るために考え、実行に移した。だからといって、それは彼が特別の人格者であることを意味しない。透徹したリアリストだから自分自身を信じていないのである。

くふうカンパニーの代表執行役がやることは全社の未来を設計することと全体を統括してアドバイスすること。直接、仕事を回し、企業を回していくのは各事業会社の社長だ。

くふうカンパニーのトップは「君臨すれども統治せず」だ。イギリスのチャールズ国王だと思えばいい。

くふうカンパニーはある組織に似ている

持ち株会社とグループ会社の関係で、くふうカンパニーのようなシステムにしているところはない。

だが、全体をひとつの組織として見ると、出版社と似ている。

出版社と編集部は親会社と子会社の関係に近い。出版社の社長は編集長も含めた人事権を持っている。方向性をアドバイスすることはできる。しかし、編集権は持っていない。「この記事を載せろ」とか「オレの友人の悪口を書くな」とは言えない。ただ、単行本の場合には「オレの友だちの本を出せ」と言ってくる社長もいる。だが、たいていは出ない。

編集長は編集部を経営するようなものだ。商品の中身を決め、人事を編成する。営業部門と打ち合わせはするし、営業の前線にも出ていく。一方で、総務、経理、広報については本社から支援してもらう。編集部のなかに総務、経理、広報の要員がいるわけではない。

単行本、雑誌、オンラインマガジンの編集者は編集長の言うことは聞くけれど、社長や幹部の顔色をうかがうことはない。どこを見ているかといえば、社長も編集長も編集者も読者を見ている。読者が読みたい企画を載せるしかない。読者ファースト、ユーザーファーストの世界だ。

くふうカンパニーの組織生態系は出版社に似ている。各事業会社社長の使命はユーザーを増やすこと。ユーザーを増やすにはユーザーファーストを守り、徹底するしかない。このように全体の目的と事業会社の目的は一致している。

では、傘下に工場を持つメーカーはどうだろうか。また、子会社を多く持つ総合商社の場合は、くふうカンパニーと似ているのか、それとも似ていないのか。

メーカーの工場長は自分で製品を決めることはできない。経営陣が作った計画に従って製品を作るのが役割だ。ユーザーファーストではなく、上からの指示で作る。

総合商社の子会社は商品を決める権限は持っている。ただし、子会社の経営陣には必ず総合商社の人間が入っている。親会社の意向が反映される。また、総合商社の経理や総務や広報が子会社のスタッフ業務を請け負うことはない。

つまり、メーカーと総合商社の生態系とくふうカンパニーのそれはまったく違うものだ。

似ているのはやはり出版社だけれど、稗田はそれを念頭に置いてつくったわけではない。

くふうカンパニーをユーザーファーストを実践する組織にするために、体制とシステムを考えたら、自然とできあがったものだ。

また、このシステムのよさは後継者が自然のうちに出てくることだろう。

稗田の後、閑歳が代表執行役になったのはユーザーファーストに関して感度が高いからだ。

クックパッドのお家騒動では外部から引っ張ってきた人間が稗田の後継社長となったが、業績を上げることはできなかった。学歴もあり、コンサルタントとしては優秀だったけれど、現場の経験がない人間を連れてきても、なかなか結果は出ない。

サービスサイトの経営者の仕事とは出版社と同じで、株主を見ることではなく、ユーザーファーストの施策を実行することだ。彼女でなくてはダメ、なのではなく、ユーザーファーストを続けた人間は誰でも代表になることができる。穐田と菅間がつくった会社組織、生態系システムは期せずして後継者、経営者の育成にぴったりだった。

人材に育ってもらうこと

くふうカンパニーは2023年、新卒の社員を17名、採用した。配属部署は彼らが行きたいところを考慮する。結婚式サービスに興味があるならば「エニマリ」、不動産サイトをとことん追求して、その分野で起業したい人ならば、「くふう住まい」といった具合だ。事業会社だけでなく、経理、総務、広報といった部署もある。この人たちもまた、持ち株会社のひとつのセクションだけに勤務するのでなく、事業会社に異動することもあるし、起業することも自由だ。

加えてくふうカンパニーでは起業を前提とした採用も行っている。起業人材、経営人材を育成するためだ。

そして、穐田は入ってきた新入社員には最初に言うことにしている。

「入社ありがとう。当社を選んでもらえて感謝しています。では、できるだけうちの会社を早く辞めて、経営者になってください」

同じことを新入社員に言った社長がかつて存在した。

『鉄腕アトム』『ジャングル大帝』を描いたマンガの神様、手塚治虫だ。手塚は手塚プロダクションの社長として、毎年、アシスタントを採用していた。亡くなった時は60歳だった。毎晩、徹夜してマンガを描き、アニメを作った。ひとりではできないからアシスタントを雇ったのである。そして、彼は漫画家を育成した。彼のアシスタントを経て漫画家になった人間は多い。たとえば、次のような人たちが手塚のアシスタントを経験している。

『仮面ライダー』『サイボーグ００9』などの石ノ森章太郎。

『おそ松くん』『天才バカボン』『ひみつのアッコちゃん』の赤塚不二夫。

『怪物くん』『笑ゥせぇるすまん』『忍者ハットリくん』の藤子不二雄Ⓐ、『ドラえもん』『パーマン』の藤子・F・不二雄。

『鉄人28号』『魔法使いサリー』の横山光輝。

『銀河鉄道999』『宇宙戦艦ヤマト』の松本零士。

『コブラ』『ゴクウ』の寺沢武一。

そんな手塚はアシスタントが入ってきたら、ランチをともにして、そこで大切な話をした。

「みなさんにアシスタントの心構えとして、ひとつ言いたいことがあります。

みなさん、早く辞めてください。

そして、漫画家になってください」

また、亡くなる1カ月前のことだ。入院していた病院のベッドから自社、手塚プロダクションに電話をかけた。夜中だったが、10年勤めているアシスタントが出た。

手塚は電話越しに弱々しい声で言った。

「僕は元気じゃないんですよ」

そして、怒鳴った。

「バカヤロー、お前、何やってるんだ。まだ手塚プロにいたのか。

いったいい、何年、いるんだ。

自分のマンガはどうした！」

稙田は手塚治虫のように新入社員に向き合おうとしている。経営者になるには早く辞めてもらわなくてはならないと思っているからだ。

エンジニアとデザイナー

くふうカンパニーのサービスをユーザーのためにつくり込むのがエンジニアとデザイナーだ。稙田はつねづね「自分が今、大学生なら絶対にエンジニアになる。エンジニアになってから起業する」と言っている。

生活のほとんどの部分で、私たちはスマホアプリを行動の入り口にし始めている。スーパーへ買い物に行く時でも、事前にデジタルチラシを眺め、重い商品なら配達してもらうためにアプリから依頼する。

スーパーで買い物をしていても、アプリでQRコードのクーポンをダウンロードする。友人知人への連絡はSNSアプリだし、ニュースや天気予報も新聞やテレビで調べるのではなく、アプリで検索する。旅行へ行くのに交通機関やホテルを予約するのはもちろんアプリ。本を読んだり、ゲームをしたりするのもアプリ。

エンジニアとデザイナーがいなければもはや誰も生きていくことはできない。

くふうカンパニーのグループ全体にはエンジニアが約60名、デザイナーが約40名、在籍している。

CTOが吉川崇倫で、デザイナーの統括者は執行役の池田拓司だ。

穐田は池田がデザインしたアプリについてこう言っている。

「池田くんが作ったアプリは、形が美しいとかではなく、とにかく使いやすい。アプリはピクトグラムみたいなもので機能性を問われます。池田さんが手を入れると別物になって、とっても使いやすくなる」

アプリデザイナーの仕事が生まれたのはiPhoneが世に出た2007年頃からだ。

アプリデザイナーの数自体について、統計数字はまだない。だが、経済産業省の特定サービス産業実態調査によれば、数字は古いが、すべてのデザイナーの人数は2000年に16・1万人、05年に16・5万人、10年には18・0万人となっている。

現在は少し増えているか、ほとんど変わらないかのどちらかだろう。なお、統計の「デザイナー」にはグラフィック、インダストリアル、ファッションとあらゆるジャンルが入っている。そして、現在、デザイナーと呼ばれる人で紙にデザインを描く人は少ないのではないか。誰もがパソコン、もしくはスマホで仕事をしている。

仕事の実際

わたしは池田が実際にアプリのデザインをやっているところを見た。パソコンに向かってキーボードを叩き、マウスで操作する。作業自体は決して複雑でも難解でもない。パソコンに向かって原稿を書く作業とほぼ変わらない。忍耐力のいる地味な作業だ。

池田は、描くだけでなく、実装（プログラミング）が大切なんだと教えてくれた。

「実装とはデザイン案を基にして、ユーザーがアプリを使えるように、つまり、動ける状態にすることです。一般的にデザイン案を出すのがデザイナーで、実装はエンジニアがやります。しかし、仕上げは共同で行うという方が正しいでしょう。

実装前のアプリは意図した色や文字の大きさになっていなかったりします。それではユーザーが使いやすいデザインとは言えません。ユーザーにきちんと届けるために、プログラミング言語（コード）に落とすのがコーディングです。コードを書くのは文字と数値で絵や画像にする作業ですから、熟練すれば、デザインを見ただけで『こう書けばいいんだ』と想像できます。

コードはアルファベット、記号、数字などで構成される式のことで、1文字違うだけで、思った通りに動かなくなる。つまり、デザイン→コード（式）を経て、ユーザーに届けることができるのです。

そうですね、コードの書き方を覚えるには、1年では難しいかもしれません。それはパソコンとスマホではコードは異なりますし、スマホのアプリでもＡｎｄｒｏｉｄとｉＰｈｏｎｅでは異なるからです。ひとつひとつ知っておかなくてはなりません」

池田が言うように、スマホのアプリ開発はエンジニアとデザイナーが共同して行う。デザイナーであってもエンジニアの素養が必要だ。両方のスキルを持つ人間もいる。

ただし、エンジニアでも、ユーザーの目に直接見えるソフトウェアの実装に関わらない人間もいる。インフラエンジニアと呼ばれる人たちがそのなかのひとつだ。デザインを整えるためにコードを書くのではなく、安定したサービスを提供するためにコードを書く。

インフラエンジニアは問題が発生したらすぐに連絡が飛び、対応できるシステムを構築する。そしてローテーションを組んで24時間365日の対応ができるよう体制を組む。

こうした業務も含めて、開発や運用を外部のエンジニアに委託することもあるが、くふうカンパニーはグループ内に比較的多数のエンジニアを抱えているのが実態だ。IT企業であっても、外部のエンジニアに委託したり、また、パートナーとしてシステム企業と契約しているケースもある。グーグル、アマゾンなどアメリカのIT企業にはエンジニアがいて、内製している。

アプリデザイナーの仕事は膨大である。アプリのアイコンは一度デザインしたら、それで完成だ。たとえば全日空のアプリアイコンはコーポレートカラーのブルーだが、それを赤に変えることはない。赤は日本航空の色だから、ユーザーは混乱してしまう。そこで、アプリアイコンのデザインは色、形ともあまり変わらない。

一方で、アプリのアイコンをタップした後、出てくるホーム画面やスクロール画面はアップデートしなくてはならない。アプリデザイナーは情報のアップデートに合わせて画面デザインを微妙に変えているのである。くふうカンパニーがデザイナーを多く雇っているのはアップデートを常時、行っているからだ。

池田は言った。

「デザインをアップデートする理由はリリース後もユーザーにとって便利で楽しいサービスに進化させるためです。うちのサービスを使っているユーザー数は、日本の人口を踏まえればかなりの割合になります。そして、ユーザー数を増やすには、使いやすく、わかりやすく、リピートして使いたいと思えるサービスにすることで、また、そういうデザインにすることなんです。

逆にユーザー数が減っていく原因は、サービスとデザインが便利でなく、使っていて楽しくないから。または競合他社のサービス、デザインがうちより優れている場合もそうです。そうならないように、サービスもデザインもつねにアップグレード、改善していくしかありません」

エンジニア、デザイナーは社内で評価されるだけではダメだ。社外の人間からでも「あの人は優秀だ」と認められなければならない。そうでないと、独立できないだけでなく、会社勤めしていても職位は上がっていかない。どちらの仕事も会社員でありながら、客観的な評価を受ける仕事だ。

池田は続けた。

「アプリのデザイナーやエンジニアになる人って、僕もそうですけれど、モノを作るのが好き。プラモデルを作るのと似ている感じが僕はします。やっていて飽きないからずっとやってます。反応の速さは大事です。夜中でも部下のデザイナーから質問が来たら答えるようにしています。休日でもいつもスマホを見てます」

AIを入れる

くふうカンパニーがすべてのサービスに導入し始めているのがAIだ。

閑歳はこう説明する。

「Zaimでは『買いものレシピAI』を始めました。直近1～2週間の購入履歴から自動で食材を抽出し、AIがレシピを提案します。賞味期限が切れそうな食材など、自分が使い切りたい野菜をチャットに入力すると、その食材を使ったレシピが出てきます。ちょっとやってみますね。じゃあ、卵とレタスを入れると、ああ、こんな風に茄子とピーマンとレタスの卵炒めが出てきました。うーん、あんまり食欲をそそらないですね。こういう時は卵とレタスだけにしてくれと指示して、もう一度、入力する。すると、今度は卵とひき肉炒めのレタス包みが出てきました。でも、これがＡＩです。使っていくうちに情報が蓄積されて、ユーザーが好むレシピになっていく。

ＡＩって魔法じゃありません。まだまだ万能ではないけれど、物覚えはいい。気がついたら、じわっと役に立つサービスになっていくと思っています」

彼女はＡＩの特徴をよくとらえている。ＡＩは間違える。しかし、教えると正しい答えを出してくる。ここがグーグル検索などとの違いだ。検索をかければ情報に応じたサイト、語句を的確に提示してくる。一方、ＡＩの最初の提案、推薦は完璧ではない。しかし、何度も繰り返しているうちに望んでいることに近いものが提案されてくる。ＡＩは成長するコンピュータであり、ミスを重ねて成長するところが人間的だ。

わたしは彼女に聞いてみた。

「いつも自分で出張の予定を決めています。たとえば、明後日から北海道の旭川へ一泊で行って、二軒の飲食店を取材するアポイントを取ったとします。さらに、決まった予定をチャットに入力したとします。『飛行機便を取ってくれ。高くはないビジネスホテルの禁煙室を予約してくれ。夕食を取る店、夕食後に一杯飲むバーの予約をしてくれ』と入力したら、すべて勝手に予約してくれるようなＡＩサービスは可能でしょうか？」

閑歳は微笑んだ。

「できます。いつできるとは言いませんが、できるようになります。ただし、最初からすべてが完璧とはいかないでしょう。少しずつ、生活のなかの不便を解決してくれるようになります」

ＡＩを使ったサービスを開発するには、辛抱強く、教えていくこと、そして、成長度合いに期待することが大事なのだろう。

03

サービスの価値はユーザーを育てること

ホール・アース・カタログに似ている

くふうカンパニーが扱っている25を超えるサービスサイトには、結婚、買い物、家計簿、育児、旅行、不動産といった生活分野のユーザーに役立つ情報が載っている。このサイト群にカカクコム、食べログ、クックパッドを加えれば、彼がやっているサイトは生活に関わる、ある程度の実用情報を網羅しているといえる。

他の情報サイトとの違いはユーザーファーストを徹底していることに尽きる。

ユーザーファーストとはユーザーのために便利さを提供することだけではない。ユーザーに自立してもらうためでもある。たとえば、口コミ投稿を載せることはユーザーが自立して企業に立ち向かう姿勢をつくることに役立つ。ユーザーは投稿やレビューを読んで、企業がリリースした商品やサービスの賢い使い方を知ることができる。ユーザーは商品やサービスを判断できるようになる。それが自立だ。

くふうカンパニーの各サイトはユーザーが自立するためのメディアでもある。

わたしは、くふうカンパニーが提供しているサービスの内容を整理していた時、かつて存在した、あるカタログに似ていると感じた。

『Whole Earth Catalog』（ホール・アース・カタログ）――アップルの創業者、スティーブ・ジョブズが崇拝していた伝説のカタログ雑誌である。

ジョブズは2005年、スタンフォード大学の卒業スピーチで、この雑誌と裏表紙の言葉について語っている。これもまた伝説のスピーチとされているものだ。

「私が若い頃〝The Whole Earth Catalog 全地球カタログ〟というすごい出版物があって、私と同じ世代ではバイブルのように扱われていました。それはスチュアート・ブランドという人が、ここ（引用者注：スタンフォード大学　サンフランシスコ）からそれほど遠くないメンローパークで制作したもので、彼の詩的なタッチで彩られていました。1960年代の終わり頃はパソコンもDTPもない時代ですから、全てタイプライターとハサミとポラロイドカメラで作られていました。それはまるでグーグルのペーパーバック版のようなもので、グーグルが35年遡って登場したかのような理想的な本で、すごいツールと壮大な概念に溢れかえっていました。

スチュアートと彼のチームは〝The Whole Earth Catalog〟を何度か発行しましたが、ひと通りの内容を網羅した時点で最終号を出しました。それは1970年代半ばで、私がちょうど君たちの年代だった頃です。最終号の裏表紙は、朝早い田舎道の写真だったのですが、それはヒッチハイクの経験があればどこか見たことある光景でした。写真の下には〝Stay hungry, Stay foolish.〟という言葉が書かれていたのです。Stay hungry, Stay foolish. それが、発行者の最後の言葉だったのです。それ以来、私は常に自分自身そうありたいと願ってきました。そしていま、卒業して新しい人生を踏み出す君たちに、同じことを願います。

Stay hungry, Stay foolish. ハングリーであれ、愚かであれ」[訳文はWaiWai-tennis!(https://waiwai-tennis.jimdofree.com/) より引用]

少し付け加えれば、編集者のスチュアート・ブランドがホール・アース・カタログを考え出した場所はサンフランシスコからゴールデンゲートブリッジを渡ったサウサリートの港にあった。スチュアートは港内につながれたタグボートのキッチンで友人と一緒に『ホール・アース・カタログ』を編集したのである。日本ではこのカタログを参考にして、木滑良久（当時、平凡企画センター、のちマガジンハウス社長）が読売新聞社から『メイド・イン・USAカタログ』（1975年）を出版し、ベストセラーとなった。そして、『ポパイ』『ブルータス』の創刊につながる。『ポパイ』の原型は『ホール・アース・カタログ』だった。木滑は編集者のスチュアート・ブランドを日本に呼んで、対談も行っている。ジョブズと同じくらい同書にほれ込んでいた。

木滑はわたしに「ホール・アース・カタログからは勇気をもらった」と言っていた。「この本なら、僕だって作れる。いや、もっといいものが出せると思った。やればいいんだと背中を押されたような気がした」

もうひとつ補足する。

〝Stay hungry, Stay foolish.〟はスチュアート・ブランドの言葉ではない。アメリカの哲学者、建築家バックミンスター・フラーの言葉だ。バックミンスター・フラーはジオデシックドームという耐久性の高いドーム構造を考え出した人で、日本では富士山頂レーダー、東京よみうりカントリークラブのクラブハウスに採用されていた。

ホール・アース・カタログの4つの指針

ともあれ、『ホール・アース・カタログ』を編集する際、スチュアート・ブランドは4つの指針を作った。それがくふうカンパニーのサイト設計に非常に似ている。繰り返すけれど、『ホール・アース・カタログ』ができたのは1968年だ。パソコン、インターネットはない。FAXだって普及していない。テレビはあったけれど、白黒テレビだ。日本でカラーテレビが普及したのは大阪万博の後だ。世界ではベトナム戦争が続いていた。ビートルズはまだ解散していない。

4つの指針は次のようなものだ。

①Useful as a tool.
（道具として役に立つこと）
②Relevant to independent education.
（自立するための教育に関係するもの）
③High quality or low cost.

（価値が高い、もしくは安くてリーズナブルな価格）

④ Easily available by mail.

（郵便で簡単に手に入る）

この4つの指針はくふうカンパニーがやろうとしているサービスサイトの方向性と同じと言っていい。カカクコム、食べログ、クックパッドにも共通している。ぼったくりを撲滅するにはユーザーが情報を持たなくてはならない。それも、企業が発信した情報ではなく、使った側、買った側が価値があると思った情報だ。つまり、ユーザーの投稿情報、レビューである。

『ホール・アース・カタログ』が画期的だったのは企業が商品を売るために作ったカタログではなかったこと。買う側が「価値がある」と評価したものを集めたのだった。同誌は膨大な商品をただ羅列したのではなく、自分の生活に必要なものという視点から、項目を分け、並べ直した。家庭を持つ、子どもを産む、家を建てるなど、ユーザーがやるとしたら、どこへ行けばいいか、どんなツールを使えばいいかがまとめてある。

その当時、アメリカのカタログで知られていたのは主に2つ。通信販売業界トップの「シアーズ・カタログ」、そして、テキサスの高級志向百貨店ニーマン・マーカスが出していた「クリスマス・ブック」だった。販売側の視点で商品を網羅したカタログだ。

だが、『ホール・アース・カタログ』の編集をしたスチュアート・ブランドは従来のカタログを否定した。特にニーマン・マーカスのカタログなんかクソくらえと思っていた。

ジョブズも木滑もそこがいいと思ったのである。

木滑はわたしにこう言っていた。

「メイド・インUSAカタログもポパイも売れると思った。だってさ、気楽な感じでしょ。あの頃の日本はロック喫茶、ジャズ喫茶にたまっている陰気な若いやつがやっていることがカッコいいと思われていた。でも、僕はそういうのがそもそも苦手だった。雑誌なんて気楽なものだから、軽い雑誌をやりたかった。思想を載せるのではなく、商品情報を載せる。

そうしたら、ホール・アース・カタログが出て、読んだらアメリカの西海岸は健康志向でカジュアルだという。そろそろそういうのが日本にも来ると思った。だから、スケートボードやダウンパーカを載せたんです。立派な志で本を作ったわけじゃないんだ。だいたい、編集者なんて立派なことを言う職業じゃないんだよ。気楽に雑誌を作っていればいいんだ。僕はジャズとかロックとか真剣に聴くのもダメなんだ。辛気臭いでしょう。外国の音楽で好きなのはディスコミュージック。景気がいいじゃない。雑誌ってあれだよ。ディスコミュージックみたいな感じでいい。なんにも考えないで、気楽に作っていれば読者が喜んでくれる。理屈っぽいものじゃないんだ」

スティーブ・ジョブズは『ホール・アース・カタログ』をバイブルと言った。木滑も「素晴らしい本だった」と言っていた。それは気楽さがいいという意味だ。バイブルではあるけれど、教科書ではない。

『ホール・アース・カタログ』がやったことはジョブズ、木滑のような創造的経営者、クリエイターを生み、そして育てたことだ。

ジョブズはアップルでｉＰｈｏｎｅとアプリを作った。木滑は『ポパイ』『ブルータス』を創刊した。ふたりに限らず、同誌は人を成長させ、成長した人は何かを生み出した。

あの頃、『ホール・アース・カタログ』とバックミンスター・フラーにあこがれたクリエイターは数多い。メディア、サービスの本当の価値とは読者、ユーザーを育てることだ。メディア、サービスに感銘を受け、勇気をもらって「自分も何かをやろう」とすることが価値だ。

『ホール・アース・カタログ』は「自分だって、何かができる」と思わせた。くふうカンパニーがやりつつあるのはユーザーが「これなら自分だって何かができる」と思わせること。

スチュアート・ブランドに会いに行った

さて、1993年のことだ。わたしはサンフランシスコのサウサリートに行った。『ホール・アース・カタログ』の後継雑誌『ホール・アース・レビュー』編集長、ハワード・ラインゴールドにインタビューするためだ。その当時、彼はスチュアート・ブランドを顧問に迎えて、『ホール・アース・カタログ』25周年記念号を編集していた。編集室の前の庭には陸揚げしたタグボートが置かれていた。スチュアート・ブランドが住んでいたかつての自宅だ。

ハワード・ラインゴールドは編集者としてよりもコンピュータ・ネットワーク、ヴァーチャル・リアリティの専門家として知られ、『ワイアード』の編集にも携わっていた。

ラインゴールドは『ホール・アース・カタログ』の価値について、こう語っていた。

「昔も今も『ホール・アース・カタログ』は、情報へのアクセス、ツール（道具）、アイデアの3つがキーワードです。エレクトリック・コミュニティの時代が来て、道具がいちばん、変貌したのです。それほどコンピュータが人間に身近な道具となりました。また、この本は、『読んだ人が確固として独立した生活が送れること』を考えてます。たとえば、昔は〝バック・トゥ・ランズ〟（土へ戻ろう）という運動に合わせて、学校で勉強しなくとも、豊かな緑のなかで自習すればいいなんてことを提唱していました。

そのコンセプトだって変わったわけじゃない。ただ、今ではビデオやコンピュータ・ネットワークがあれば、学校へ行くことなく勉強できる。コンピュータを道具として活用すれば、自分で自分のことがやれる。ただ、私たちはコンピュータやエレクトリック・コミュニケーションについて、全面的に賛美しているわけじゃありません。

テクノロジーは、つねに一般市民の批判にさらされていなくてはならない。道具として使うとはそういうことです」

くふうカンパニーが行っているサービスは『ホール・アース・カタログ』のウェブサイト・バージョンといえる。サービスはツールだ。ツールとして使うためにはつねにユーザーの目で検証しなくてはならない。

ただ、まだ完成されたサービスとは言えない。足りないものがある。それは気楽さだ。

サービスサイトはユーザーを教え諭すための「運動」ではない。

『ホール・アース・カタログ』『メイド・インUSAカタログ』『ポパイ』は生真面目な運動ではなく、気楽な読み物だ。カタログだけれど、別に商品を買うためだけに作られたわけではない。眺めているだけの読者も想定していた。

くふうカンパニーのサイトに足りないのは気楽さだと思う。関わっている人たちの半数くらいはものすごく真面目だから、そうなってしまうのだろうけれど、ユーザーは特にそれを望んではいない。

世の中に広がるサービスとは「教え諭す」ものではない。いつの間にか使ってしまうものだ。「乗換案内」なんてその最たるものだ、何の思想も感じない。ただ、使いやすいように作られている。使った人たちのフィードバックがそこに表現されている。

くふうカンパニーにはまだまだやることがたくさんある。

そういえば、サウサリートを訪ねた時、わたしはスチュアート・ブランドにもアポイントを取っていた。彼は編集室にいるはずだった。だが、着いたら、「どこかに出かけていったよ」と言われた。

やっぱり、気楽な人でヒップな人なんだなとわたしは思った。そうでなければタグボートのなかでわざわざ仕事なんてしない。古びた一軒家の前庭に置かれたタグボートのキッチンは三畳間くらいの広さだった。

伝説の雑誌を作る場所にしては狭かった。でも、彼らはそこで伝説を作った。

穐田誉輝、投資と経営を語る

穐田は投資、経営を長く続けるためにやることを語った。

「投資家としてもそうだし、ビジネスマンとしてもそうですけど、貪欲さの追求、自分だけが勝てばいいと思っている人はいなくなると思います。『そういう人にはなりたくない』が正直なところ。お金を稼ぐことだけを目的化したら、長くは続かない。

もちろん、お金を持ってなかった頃はお金が欲しかった。お金がないのに『人生は金じゃない』って言うのはちょっと気恥ずかしいでしょう。ある程度お金を持ってないと、発信しても聞いてくれないんじゃないかと思っていたのは確かです。ただし、それは30歳前までの話。

お金を持ってわかることって、自分にはそれほどたくさんのお金はいらないってことだった。それは成金だからでしょうね。昔は貧乏というか、普通の家庭でした。普通の家庭の子どもって、自分に必要なお金がだいたいわかるんです。子どもの頃から金持ちだった人って、どれくらい稼げばいいかわからないから、とにかくたくさん稼ごうと思うのかもしれません。

私自身、洋服はユニクロで十分に満足しています。食べ物だって高級食材ばかり食べているわけじゃない。お金のかからない生活をしてます。では、お金をある程度、持ったうえで、楽しく人生を送るには何が必要かといえば、それは人に喜んでもらうこと。

私が世に出したサービスをみなさんに使ってもらう。カカクコムのサービス、食べログ、クックパッドのサービスも使っていただければそれはありがたいです」

「うちの親父が癌になって福島の山の中で温泉治療をしていたことがあります。見舞いに行った時、親父が『ここの昼飯も飽きたから近くのそば屋へ行こう』って、ふたりで出かけていきました。田舎の山の中ですよ。

そこでは近所の人が食事していたのですが、なぜか『カカクコムはいい』って話をし始めた。

親父がどのように感じていたかはわかりませんが、僕は自分が世に出したサービスを人が褒めてくれたことが親父に伝わったと思った。あれは嬉しかったですね。

クックパッドもそうです。

お世辞かどうか知らないけれど、『もはやクックパッドなしでは料理はできない』という人はとても多い。

いいサービスを出してよかったなと思ってしまいます。よく知らない人から褒められるって、すごく効くんですよ。

『上場した、お金持ちになりました』も嬉しい。ですが、知らない人からじわじわと本音で褒められるのはあまり経験することがないだけに嬉しいいし、ありがたい。これは私が仕事をやっている理由でもあります。

もうひとつのモチベーションは一緒に働いていた人が偉くなる、立派になることです。若い頃、友だちや知人の経営者、元部下たちが成長していくことに対して自分は妬んだりするのだろうかと考えたことがある。実際にそういう場面に出くわすと、『おや、自分には人をうらやんだり、負けるもんかという気持ちはないな』とわかった。『あいつ偉くなってる。元はオレの部下だった。今度、会ったら、おごってもらおう』自分よりも偉くなってほしい気持ちがあるんですよ。

それにね、成功した友人、知人は『おごってよ』と言ったら、絶対におごってくれます。おごってくれる人を100人、つくる計画を考えているところです。

ただ、この感覚は若い頃はなかったと思う」

「自分にはお金に対する貪欲さはありません。けれども、サービスをよくしよう、会社を成長させようという貪欲さはあります。昨日と同じことをしているくらいなら死んだ方がマシだとも思っている。

成長に対する貪欲さとは我々が提供しているサービスをもっと多くの人に使ってもらって、満足度を上げていくこと。そこに対しては非常に貪欲です」

「ユーザーファーストの徹底は優れたビジネスモデルです。これはインターネットが出てくる前はなかなか難しかったでしょう。

インターネットでユーザーの声を集めて、それをサービスに反映させる。オーソドックスなビジネスです。ただし、時間はかかります。1年で儲ける競争だったら負けるけれど、一生かけて儲ける競争だったら僕らの方が勝つ。

サービスの代金を安くしておくと、参入してくる人も多くはいません。

それなのに、たまに『今だけ安くして、あとでぼったくる気でしょ？』と疑い深いことを言ってくる人がいます。

いえ、そんなことないんですよ。ずっと付き合ってもらいたい。長い付き合いが大事。この1回の結婚式でいくら儲けるかというより、そこで満足してもらって、くふうカンパニーの他のサービスも使ってみようと思ってもらえたら」

３つのエピローグ

からすみのパスタ

稙田にインタビューしていた時、「からすみのパスタをどうやって作っていますか？」と聞かれた。わたしが台湾土産にからすみを２本買ってきて、２日続けて作って食べたと話したからだ。単なる世間話の会話をしていた時のこと。わたしの場合、食べ物についての世間話が多い。

わりと得意そうに彼に教えた。

「普通にペペロンチーノみたいなのを作って、おろし器でからすみをおろして、まぶして食べます。足りなかったら、何度でも足すことができるし」

彼は「はー」と声を出した。ものすごく感心したような声だった。

不安になった。わたしがやっていたことはタブーに近いようなことなのか。

彼は「今度、そうやってみよう」とつぶやいた。

彼は料理をする。家族のために台所に立つ。料理の経験があるからクックパッドに投資して経営した。彼の仕事は生活とかけ離れたものではない。

ホテルを予約する

御殿場でゴルフをするため、ふたりで前の日から泊まり込むことにした。

「1泊1万3000円のビジネスホテルを予約しました」

そうメールしたら、答えがすぐに返ってきた。

サイトで見つけたという文面があり、末尾には1泊1万1200円だったと書いてあった。

同じホテルである。部屋も同じだ。禁煙のシングルだ。価格の違いはホテル予約サイトが異なっていたからだ。

となると、わたしも最初の予約をキャンセルするしかない。負けてはいられないと思ったからだ。そして、1泊1万1200円の部屋を探した。しかし、同じ予約サイトであっても、同じ価格ではなかった。ダイナミックプライシングという余計な価格戦略により、わたしは同じ仕様の部屋を1泊1万1500円で予約するしかなかった。

そんな経緯を伝えたら、彼は「うむ、まだ安いところがあるのでは」とSNSで返してきた。1円でも安いところを探すことに対して貪欲なのだ。

そうなると、わたしも原稿を書く手を止めて、安いホテルを探さなくてはならなかった。負けていられるかと思ったから。

その後、30分ほどネットで調べたり、直接、当該のホテルに電話してみたけれど、見つからない。

仕方がない。敗北感を感じながら、「1万1500円で予約」ともう一度、送った。

彼からの返信は以下のようなものだった。

「同じものなら、1円でも安く買いたい。それが私がやっている仕事の根幹をなす思想だから。それをゆるがせにしては私の仕事は成り立たないのです。安いものを探すことについて、そこまで労力をかけたら手間とコストで損をすると言う人がいます。

それは、その人が商品と価格に対して、それくらいにしか考えていないということでしょう。私は商品と価格は本質的な問題だと思っています。人間の生き方だと思っているから、私は同じものであれば安い方を買います。ただし、不法な手段はもちろん取りません」

彼の買い物はすがすがしい。しかし、ちょっと頭に来る。同じものを300円高く買ったからだ。

3原則

「カカクコムの社長をやっていた時に、自分で決めた言行の原則が3つあります」と彼は言った。

「それは、たとえば？」

「買うか買わないか迷ったら買わない。言うか言わないか迷ったら言わない。やるかやらないか迷ったらやる」

彼は3原則について、補足した。

「まず、本当に欲しいものは買う時に迷わない。迷うことはないんです。それに、買った後、失敗したなと思うもの、誰でもあるでしょう。買ったのに着ない服とか。だから、迷ったら買わないことにしています。

次に、迷ったら言わない。これ重要です。人間はつい余計なことをしゃべっちゃう。こちらが軽い気持ちで言ったことでも相手を傷つけることがある。だから、言うか言わないか迷ったら言わない。

でも、やるかやらないかを迷ったら、やります。それはやって後悔したことより、やらなくて後悔したことの方が多いから。高校時代、交換留学生でアメリカへ行こうと思ったことがあったけれど、行かなかった。後悔してます。だから、迷ったら、必ずやる」

わたしはまず、「迷ったら言わない」ことから真似することにした。すでにいい結果を生んでいる、と思っている。3原則、みなさんもぜひ。

（文中敬称略）

「うちの会社はほら、こんなにユーザーファーストなんです」
そう言いながら池田拓司（アプリデザイナー）が描いた図

ザー

ライフイベントのサービス

住まい

不動産

家づくり

オウチーノ　イエタテ

R+house

富裕層向けコンサルティング

Seven Signatures International

結婚

結婚

みんなのウェディング

結婚式
プロデュース

エニマリ

デザイン開発・テクノロジー開発

くふうAIスタジオ

穐田・閑歳

ユー

毎日の暮らしのサービス

日常・地域生活

チラシ・買い物	知育	地域・生活
トクバイ	ごっこランド	くふうロコ　WOMO
家計簿	**旅行・おでかけ**	**子どもとおでかけ**
Zaim	RETRIP	いこーよ

投資・事業会社支援

くふうカンパニー

代表執行役

●取材協力者

青山哲也、穐田誉輝、池田拓司、内田陽子、河邊美穂子、閑歳孝子、菅間淳、木滑良久、小林雄介、小山薫堂、舘野祐一、新野将司、堀江貴文、堀口育代、前田卓俊、松浦弥太郎

●参考文献

『ネット興亡記』　杉本貴司　日本経済新聞出版
『世界史を創ったビジネスモデル』　野口悠紀雄　新潮選書
『1995年』　速水健朗　ちくま新書
『1973年に生まれて』　速水健朗　東京書籍
『起業家』　藤田晋　幻冬舎
『我が闘争』　堀江貴文　幻冬舎
『平成史講義』　吉見俊哉編　ちくま新書
『ブラック・ジャック創作秘話』1~5巻　宮崎克　吉本浩二　秋田書店
『イノベーターズ』　ウォルター・アイザックソン　井口耕二　講談社

『ベンチャー・キャピタリスト』フィル・ウィックハム　後藤直義
ニューズピックスパブリッシング
『昭和二万日の全記録』講談社
『エスクァイア』1993年9月号

●お世話になった編集の方々
桂木栄一、千﨑研司、内藤慧、廣瀬奈美、
星野貴彦、池田拓司（カバーデザイン）

みなさん、ありがとうございました。

2023年12月　野地秩嘉

野地 秩嘉（のじ つねよし）

1957年東京都生まれ。早稲田大学商学部卒業後、出版社勤務を経てノンフィクション作家に。人物ルポルタージュをはじめ、ビジネス、食や美術、海外文化などの分野で活躍中。『TOKYO オリンピック物語』でミズノスポーツライター賞優秀賞受賞。『キャンティ物語』『サービスの達人たち』『高倉健インタヴューズ』『トヨタ物語』『日本人とインド人』『警察庁長官　知られざる警察トップの仕事と素顔』『伊藤忠 財閥系を超えた最強商人』『図解 トヨタがやらない仕事、やる仕事』ほか著書多数。

穐田 誉輝（あきた よしてる）

1969年生まれ。千葉県出身。青山学院大学、慶應義塾大学大学院修了。新卒でベンチャーキャピタルのジャフコグループに入社。その後、投資育成会社のアイシーピーを設立し、代表取締役に就任。カカクコム、クックパッド、ロコガイドの代表を経て、現在はくふうカンパニーの代表執行役を務める。

ユーザーファースト 穐田誉輝とくふうカンパニー

食べログ、クックパッドを育てた男

2023年12月19日 第1刷発行
2024年 1月16日 第2刷発行

著 者 野地秩嘉
発行者 鈴木勝彦
発行所 株式会社プレジデント社
〒102-8641 東京都千代田区平河町2-16-1
平河町森タワー13階
https://www.president.co.jp/
https://presidentstore.jp/
電話：編集（03）3237-3732 販売（03）3237-3731
編 集 桂木栄一
編集協力 千﨑研司（コギトスム）
装 丁 池田拓司
本文デザイン ナカミツデザイン
制 作 関結香
販 売 高橋徹 川井田美景 森田巌 末吉秀樹
印刷・製本 中央精版印刷株式会社

ISBN978-4-8334-2517-9
Printed in Japan